Marina Stoll

Risiken in der deutschen Energiewirtschaft

Ein Risikomanagement für die Energiewende

Stoll, Marina: Risiken in der deutschen Energiewirtschaft. Ein Risikomanagement für die Energiewende, Hamburg, Igel Verlag RWS 2016

Buch-ISBN: 978-3-95485-339-7
PDF-eBook-ISBN: 978-3-95485-839-2
Druck/Herstellung: Igel Verlag RWS, Hamburg, 2016

Bibliografische Information der Deutschen Nationalbibliothek:
Die Deutsche Nationalbibliothek verzeichnet diese Publikation in der Deutschen Nationalbibliografie; detaillierte bibliografische Daten sind im Internet über http://dnb.d-nb.de abrufbar.

© Igel Verlag RWS, Imprint der Diplomica Verlag GmbH
Hermannstal 119k, 22119 Hamburg
http://www.diplomica.de, Hamburg 2016
Printed in Germany

Inhaltsverzeichnis

Abbildungsverzeichnis

Tabellenverzeichnis

Abkürzungsverzeichnis

BNA	Bundesnetzagentur
BSC	Balanced Scorecard
CFaR	Cash-Flow-at-Risk
CIMA	Chartered Institute of Management Accountants
DCF	Discounted Cash Flow
EE	Erneuerbare Energien
EEG	Erneuerbare-Energien-Gesetz
EEX	European Energy Exchange
EVU	Energieversorgungsunternehmen
kV	Kilovolt
kWh	Kilowattstunde
KWK	Kraft-Wärme-Kopplung
MW	Megawatt
NNE	Netznutzungsentgelt
OTC	Over-the-Counter
PJ	Petajoule
RM	Risikomanagement
ÜNB	Übertragungsnetzbetreiber
VaR	Value-at-Risk
VNB	Verteilungsnetzbetreiber

1. Einleitung

Die Ziele eines Unternehmens bestehen größtenteils darin, Gewinn zu machen, seine Existenz zu sichern und die Erwartungen der Stakeholder zu erfüllen, aber jedes Unternehmen wird mit gewissen Risiken konfrontiert, die das Erreichen dieser Ziele auf unterschiedliche Weise beeinträchtigen können. Einige Risiken sind leicht zu handhaben, andere können existenzbedrohend sein. Die Anhäufung von globalen Wirtschaftskrisen, Betrug und Finanzskandalen, aber auch Terroranschlägen und Naturkatastrophen zeigt, dass Unternehmen sich immer größeren Herausforderungen als zuvor gegenüber sehen müssen und es wird deutlich, wie wichtig das Managen von Risiken geworden ist. Daher müssen Unternehmen Risikomanagementsysteme und Prozesse implementieren, um Risiken zu identifizieren, zu bewerten und zu steuern und dadurch Transparenz über die eigene Risikosituation zu schaffen und die Zukunft zu planen.

Besonders wichtig wird diese Aufgabe für Unternehmen in der Energiewirtschaft werden, denn knapper werdende Ressourcen, klimatische Veränderungen und politische Eingriffe machen es für Unternehmen zunehmend schwieriger, ihre Ziele planmäßig zu erreichen. Insbesondere kommen große Herausforderungen auf Unternehmen in Deutschland zu, da die im Jahre 2000 beschlossene Energiewende viele Neuerungen für den Energiesektor mit sich bringt und dadurch die Zukunft vieler Unternehmen aber auch Verbraucher in Deutschland unsicherer macht. Vor allem sind die Folgen der Energiewende im Zusammenhang mit der Versorgungssicherheit und den Kosten ungewiss. In der Literatur werden meist nur einzelne Aspekte des Risikomanagements für Energieunternehmen beleuchtet. Es wird nie ein allumfassendes Risikomanagement vorgestellt, das die Risiken in der Energiewirtschaft identifiziert, bewertet und steuert. Einige Berichte betrachten die Probleme, die mit der Energiewende verbunden sind, stellen aber keine Möglichkeiten dar, diese zu bewältigen. Daher soll dieses Buch dazu dienen, alle Einzelinformationen aus der Literatur zusammenzuführen und ein Risikomanagementsystem speziell für Energieunternehmen vorzustellen, das aus den vier Phasen Risikoidentifikation, Risikobewertung, Risikosteuerung und Risikoüberwachung besteht und insbesondere auf Risiken im Energiebereich fokussiert ist. Ein besonderes Augenmerk wird dabei auf die Risiken gelegt, die durch die Energiewende verstärkt oder sogar erst erzeugt werden.

Der Aufbau dieser Untersuchung sieht wie folgt aus. Nach der Einleitung in Kapitel 1 gibt Kapitel 2 eine Einführung in die Thematik, indem die Grundlagen der deutschen Energiewirtschaft sowie die Grundlagen des Risikomanagements beschrieben werden.

Dabei konzentriert sich der erste Abschnitt auf die einzelnen Stufen der Stromwertschöpfungskette und die Besonderheiten der Energiewende und der zweite Abschnitt auf die wesentlichen Begriffe des Risikomanagements und den Risikomanagementprozess an sich. Kapitel 3 stellt den Kern dieses Buches dar, da es die einzelnen Stufen des Risikomanagementprozesses auf die Risiken in der Energiebranche anwendet. Daher sind die Abschnitte hier in Risikoidentifikation, -bewertung, -steuerung und -überwachung eingeteilt. Das letzte Kapitel, Kapitel 4, fasst die wichtigsten Ergebnisse noch einmal zusammen und gibt anschließend einen Ausblick für weitere Forschungsmöglichkeiten in der Zukunft.

2. Grundlagen

In diesem Kapitel werden die Grundlagen zu den beiden Themenbereichen Energiewirtschaft und Risikomanagement nahegelegt. Zuerst wird eine Einführung in die Energiewirtschaft gegeben, wobei insbesondere die einzelnen Ebenen der Wertschöpfungskette Strom und die Grundzüge der Energiewende erläutert werden. Anschließend werden die wesentlichen Begriffe des Risikomanagements sowie der Risikomanagementprozess genauer betrachtet.

2.1. Grundlagen der deutschen Energiewirtschaft

Energie hat viele Formen, so kann sie in Brennstoffen wie Kohle oder Öl gespeichert sein, aber auch in Form von Licht oder Heizwärme erscheinen, wobei hier jedoch vorher Umwandlungsprozesse durchlaufen werden müssen. Einen Überblick über die einzelnen Energieformen liefert Abbildung 1.

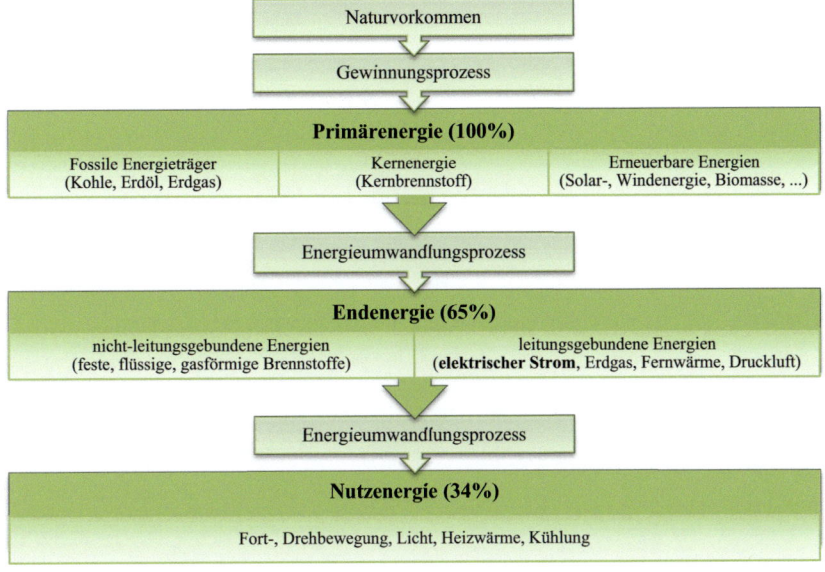

Abbildung 1: *Energieformen*[1]

Unter Primärenergien sind noch nicht umgewandelte Naturvorkommen zu verstehen, wie fossile Brennstoffe, Kernenergie und erneuerbare Energien. Wird diese Energie in Kraftwerken umgewandelt, gewinnt man die sogenannte Endenergie. Durch Umwand-

---

[1] In Anlehnung an: Konstantin (2013), S. 2; Quaschning (2013), S. 67.

lungsverluste sind noch 65% der ursprünglichen Energie vorhanden. Aus der Endenergie entsteht durch eine letzte Umwandlung die Nutzenergie, die dem Endverbraucher zur Verfügung gestellt wird. Durch weitere Verluste beim Verbraucher sind nur noch 34% der ursprünglichen Primärenergie übrig. Der Primärenergieverbrauch in Deutschland im Jahr 2013 sah wie folgt aus:

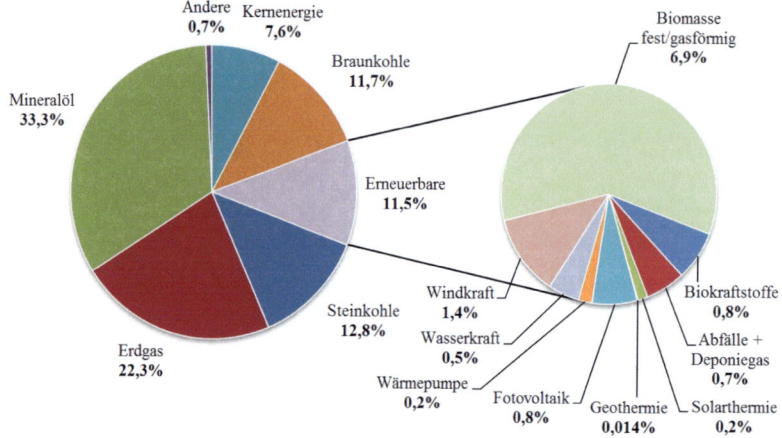

Abbildung 2: *Primärenergieverbrauch in Deutschland 2013: insgesamt 3.863 Mrd. Kilowattstunden (kWh)*[2]

Es wird deutlich, dass der Primärenergieverbrauch überwiegend durch die fossilen Energieträger (Kohle, Erdgas und Erdöl) gedeckt wurde (insgesamt knapp 80%). Die erneuerbaren Energien haben 11,5% des Primärenergieverbrauchs abgedeckt, wobei Biomasse und Windkraft hier den größten Anteil ausgemacht haben.

2.1.1. Wertschöpfungskette Strom

Der Fokus dieser Studie liegt bei der leitungsgebundenen Energie Strom, der im Jahr 2013 etwa 20% des Endenergieverbrauchs nach Energieträgern ausgemacht hat (vgl. AGEB (2014a), S. 11).

Die deutsche Stromwirtschaft ist grundsätzlich in vier Ebenen eingeteilt: Erzeugung, Handel, Transport und Vertrieb, wobei die Ebene des Transports häufig in Übertragung und Verteilung des Stroms unterteilt wird und die Erzeugung sowohl die Beschaffung des Energieträgers als auch die Umwandlung des Trägers in Strom beinhaltet.

---

[2] Entnommen aus: BMWi (2014a), S. 11.

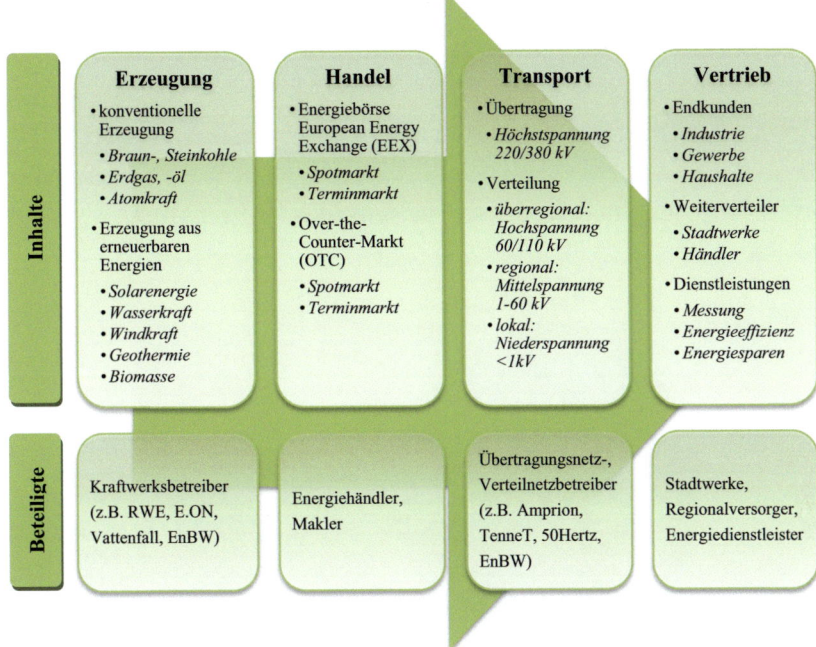

Abbildung 3: *Wertschöpfungsstufen Strom*[3]

In Abbildung 3 werden die einzelnen Wertschöpfungsstufen des Stroms mit ihren ent-sprechenden Inhalten und Beteiligten vorgestellt. Wie in der Abbildung dargestellt kann die Stromerzeugung in konventionelle Erzeugung und Erzeugung aus erneuerbaren Energien unterteilt werden. Bei der konventionellen Erzeugung werden zum einen die fossilen Energieträger, zu denen Erdgas, Erdöl, Braun- und Steinkohle gezählt werden, und zum anderen die nuklearen Energieträger verwendet, um Strom zu produzieren. Bei der Erzeugung aus erneuerbaren Energien setzt man u. a. auf Solarenergie, Wasser- und Windkraft. Zu den größten Kraftwerksbetreibern Deutschlands zählen *RWE AG, E.ON SE, EnBW AG* und *Vattenfall GmbH*. Strom wird sowohl an der Energiebörse *European Energy Exchange* (EEX) als auch auf dem sogenannten außerbörslichen *Over-the-Counter-Markt* (OTC) gehandelt. Der Stromtransport erfolgt zunächst auf nationaler Ebene durch das Übertragungsnetz und im Anschluss auf regionaler Ebene durch das Verteilnetz. Geliefert wird der Strom an die Endkunden, zu denen u. a. die Haushalte, das Gewerbe und die Industrie zählen, die den Strom von den Stadtwerken und regiona-len Versorgern beziehen können. Diese Versorger bieten ihren Kunden zudem eine

---

[3] In Anlehnung an: Schulte-Beckhausen (2013), S. 25.

Vielzahl an Dienstleistungen an, wie zum Beispiel Angebote zum Energiesparen. Im Folgenden wird näher auf die einzelnen Wertschöpfungsstufen eingegangen.

Stromerzeugung

Bevor die einzelnen Energieträger und ihre Bedeutung für die Stromerzeugung behandelt werden, soll ein Blick auf die Bruttostromerzeugung nach Energieträgern geworfen werden.

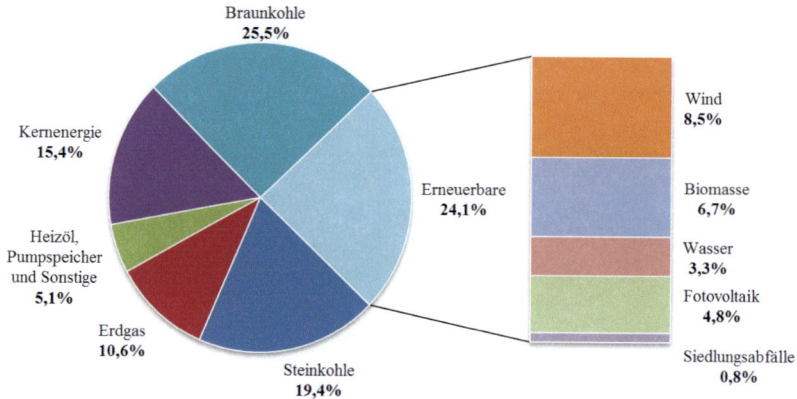

Abbildung 4: *Bruttostromerzeugung in Deutschland 2013: insgesamt 631 Mrd. Kilowattstunden (kWh)*[4]

Es fällt auf, dass Deutschland bei der Stromerzeugung auf einen breiten Energieträgermix setzt und dass dabei Braunkohle und erneuerbare Energien zusammen knapp die Hälfte der Bruttostromerzeugung ausmachen. Danach folgen Steinkohle und Kernenergie mit 19,4% und 15,4%. Die wichtigsten erneuerbaren Energien für die Stromerzeugung stellen Wind und Biomasse mit 8,5% und 6,7% dar.

Erdöl ist mit 33,3% des Primärenergieverbrauchs der wichtigste Primärenergieträger (siehe Abbildung 2). Zur Bruttostromerzeugung trägt er jedoch zusammen mit Pumpspeichern und sonstigen Energiequellen nur 5,1% bei, weshalb er bei der Stromerzeugung kaum eine Rolle spielt. Dennoch spielt Erdöl eine nicht unwesentliche Rolle bei der Preisgestaltung, denn als Preisführer übt es eine Preisleitfunktion für die anderen Energieträger aus. So folgen Erdgas, Steinkohle und Kernbrennstoffe seiner Preisentwicklung (vgl. BMWi (2014a), S. 35). Der Erdölpreis orientiert sich kaum an Angebot und Nachfrage, sondern schwankt häufig und ist sehr empfindlich gegenüber Krisen in

---

[4] Entnommen aus: BDEW (2014a).

seinen Förderländern. Da Deutschland über so gut wie gar keine Erdölvorkommen verfügt, wird dieses fast komplett aus dem Ausland importiert. Russland zählt hier zu den größten Lieferanten (vgl. AGEB (2014b), S. 3). Der große Nachteil bei einer Stromerzeugung durch Erdöl ist die Abhängigkeit von den Erdölförderländern, da sie die Preise bestimmen können. Zudem kommt es immer wieder zu Öltankerunfällen, bei denen enorme Mengen Öl ins Meer fließen.

Steinkohle steuert mit 19,4% einen wichtigen Beitrag zur Stromerzeugung bei. In Deutschland wird sie zu mehr als 80% importiert, da die Förderung hier um 3-4 mal teurer ist als im Ausland (z. B. USA und Russland) (vgl. AGEB (2014b), S. 3). Hierzulande endet die Steinkohleförderung im Jahr 2018. Der Steinkohlepreis richtet sich nach Angebot und Nachfrage, den Seetransportkosten, dem US\$/€-Wechselkurs und wie oben schon erwähnt beeinflusst auch der Erdölpreis den Steinkohlepreis (vgl. Konstantin (2013), S. 17). Die CO_2-Emissionen von Steinkohlekraftwerken sind zwar nicht so hoch wie die von Braunkohlekraftwerken, aber dennoch beträchtlich (vgl. Wagner et al. (2007), S. 46).

Braunkohle ist mit 25,5% der wichtigste Energieträger für die Bruttostromerzeugung. Deutschland verfügt über viele Braunkohlequellen, weshalb ein Import aus dem Ausland unnötig ist. Die Preise für Braunkohle orientieren sich somit an den Kosten und sind vollkommen unabhängig vom Geschehen auf dem Weltmarkt. Der Nachteil von Braunkohlekraftwerken besteht darin, dass sie die höchste CO_2-Menge emittieren (vgl. Wagner et al. (2007), S. 46).

Erdgas ist nach Erdöl der zweitgrößte Energieträger beim Primärenergieverbrauch (22,3%). Bei der Stromerzeugung kommt ihm mit 10,6% jedoch eine weniger wichtige Rolle als den Erneuerbaren, der Kohle und der Kernenergie zu. In Deutschland wird Erdgas zum größten Teil importiert (z. B. aus Russland oder Norwegen) (vgl. AGEB (2014b), S. 3). Der Preis wird in langfristigen Verträgen festgelegt. Deutschland verfügt über viele Gesteinsformationen, in denen Erdgas gespeichert werden kann, weshalb in Zukunft im eigenen Land Gas gefördert werden soll (z. B. Biogas oder Fracking, ein Verfahren um Gasvorkommen zu fördern, das in Gesteinsschichten gebunden ist, wobei diese aufgebrochen werden), damit der Anteil der importierten Erdgasmenge sinkt (vgl. Maubach (2013), S. 173). Die Vorteile von Erdgas bestehen darin, dass es transportierbar ist und relativ wenig CO_2 bei der Verbrennung emittiert wird (vgl. Wagner et al. (2007), S. 46). Einen Nachteil stellt die Gefahr von möglichen Explosionen dar.

Kernbrennstoffe werden in Atomkraftwerken zur Energiegewinnung verwendet. Die Kernenergie stellt den drittgrößten Bruttostromerzeuger (15,4%) dar. In Deutschland gibt es 17 Atomkraftwerke. Davon wurden 8 im Juni 2011 geschlossen und der Rest soll schrittweise bis 2022 abgeschaltet werden. Das Uran für die Kernkraftwerke wird zu 100% aus dem Ausland importiert. Die Preise für Atomenergie orientieren sich an Angebot und Nachfrage. Der Vorteil von Atomenergie besteht darin, dass kein CO_2 bei der Energieerzeugung ausgestoßen wird und der Kernbrennstoff Uran ausreichend zur Verfügung steht. Nachteilig anzumerken ist jedoch, dass bei der Energieerzeugung gefährlicher Atommüll entsteht und die Sicherheit von Atomkraftwerken nach jüngsten Unglücksfällen zu bezweifeln ist.

Zu den **erneuerbaren Energien** zählen Windkraft, Solarkraft, Wasserkraft, Biomasse und Geothermie. Sie leisten mit 24,1% einen großen Beitrag zur Bruttostromerzeugung, wobei wie oben schon erwähnt Wind und Biomasse hierbei eine bedeutende Rolle spielen. Biomasse ist organische Substanz, die von Tieren oder Pflanzen stammt. Windkraft ist die Bewegungsenergie des Windes, die mit Hilfe von Windkrafträdern in Strom umgewandelt wird. Windkraftanlagen auf dem Meer nennt man *Offhore* und Anlagen auf dem Land heißen *Onshore*. Bei der Solarenergie wandeln Photovoltaikanlagen Sonnenlicht mit Hilfe von Solarzellen direkt in Strom um. In Wasserkraftanlagen wird die Bewegungsenergie des Wassers in einer Turbine in Strom umgewandelt. Geothermie verwendet Quellen, die heißes Wasser oder Wasserdampf liefern.[5] Die Vorteile der erneuerbaren Energien sind vielfältig. So stehen Sonne, Wind und Wasser kostenlos und unbegrenzt zur Verfügung. Sonne und Wind regenerieren sich selbst, erfordern keinen Abbau im eigentlichen Sinne und unterliegen keinem schwankenden Marktpreis (vgl. Sick (2014), S. 27). Durch erneuerbare Energien wird so gut wie kein CO_2 freigesetzt, was die Umwelt geringer belastet. Jedoch wird die Energieerzeugung durch regenerative Energien auch von Nachteilen wie zum Beispiel hohen Anfangsinvestitionen geprägt. Zudem unterliegen sie Klimaschwankungen und können nicht überall genutzt werden. Denn wenn kein Wind weht und die Sonne nicht scheint, dann ist die Versorgung gefährdet. Man müsste dann auf eine konventionelle Energieversorgung umsteigen oder durch weitere Forschungen Möglichkeiten für Stromspeicher entwickeln.

Die Vor- und Nachteile der einzelnen Primärenergieträger werden in folgender Tabelle hinsichtlich der Kriterien Versorgungssicherheit, Wirtschaftlichkeit und Umweltverträglichkeit zusammenfassend dargestellt.

---

[5] Alle vorausgegangenen Beschreibungen der einzelnen erneuerbaren Energien angelehnt an:
Sick (2014), S. 18-21.

Energieträger	Versorgungssicherheit	Wirtschaftlichkeit	Umweltverträglichkeit
Fossile Brennstoffe • *Steinkohle* • *Braunkohle* • *Erdgas* • *Erdöl*	• begrenzte Ressourcen • teils große Abhängigkeit von Förderländern (außer Braunkohle) • Stromerzeugung vom Wetter unabhängig	• Wirtschaftlichkeit im Vergleich gegeben • Preis wird von Förderländern bestimmt und unterliegt teils großen Schwankungen (außer Braunkohle)	• teils hohe CO_2-Emissionen (außer Erdgas) • mögliche Öltankerunfälle und Gasexplosionen
Kernbrennstoffe • *Uran*	• Ressourcen vorhanden • geringe Menge Uran für Stromerzeugung ausreichend	• Wirtschaftlichkeit im Vergleich gegeben	• kaum CO_2-Emissionen • gefährlicher Atommüll • mögliche Reaktorunfälle
Erneuerbare Energien • *Solarenergie* • *Wasserkraft* • *Windkraft* • *Geothermie* • *Biomasse*	• unbegrenzte Ressourcen • regenerieren sich selbst • gefährdete Versorgung durch klimatische Schwankungen • können nicht überall genutzt werden (Netze und Speicher notwendig)	• wirtschaftliche Nachteile ggü. anderen Energieträgern • hohe Anfangsinvestitionen • stehen im Prinzip kostenlos zur Verfügung	• kaum CO_2-Emissionen • störend im Landschaftsbild • geringere Umweltverschmutzung

Tabelle 1: *Vergleich der Primärenergieträger*[6]

Auf die genauen technisch-physikalischen Aspekte der Stromproduktion und Stromumwandlung in den einzelnen Kraftwerkstypen soll an dieser Stelle verzichtet werden. Letztendlich ist der produzierte Strom aus allen Kraftwerken physikalisch gesehen gleich. Sein Ursprung kann nach der Erzeugung und Transformation nicht mehr bestimmt werden, also ist es für seine Beschaffenheit unbedeutend, ob er zum Beispiel in einem Kohlekraftwerk oder in einem Windkraftwerk produziert wurde.

Etwa die Hälfte des Stromverbrauchs in Deutschland entfällt auf die Industrie und jeweils ein gutes Viertel wird durch die Bereiche Gewerbe-Handel-Dienstleistungen und die privaten Haushalte verbraucht (vgl. AGEB (2014a), S. 9). Elektrischer Strom ist wie in Abbildung 1 ersichtlich eine leitungsgebundene Energie, d. h. dass jeder Produzent und jeder Verbraucher an das Stromnetz angeschlossen sind und Strom auch nicht wie ein Produkt in beliebiger Menge an beliebigen Orten zur Verfügung steht. Da Strom in der Regel nicht speicherbar ist, muss zu jedem Zeitpunkt genauso viel Strom produziert wie verbraucht werden. Damit eine reibungslose Versorgung gesichert ist, müssen Prognosen über den Stromverbrauch durchgeführt werden. Hierbei wird der Verbrauch für die einzelnen Stunden am nächsten Tag bis hin zu den nächsten Jahren prognosti-

---

[6] In Anlehnung an: Kästner/Kießling (2009), S. 32; Krohn (2009), S. 41.

ziert, indem man sogenannte *Lastprofile* für einen Tag, einen Monat oder ein Jahr erstellt (vgl. Amprion (a)). Unter *Last* wird dabei der Bedarf bzw. die Nachfrage verstanden. Die Verläufe dieser Lastprofile hängen von verschiedenen Faktoren wie zum Beispiel der Jahreszeit, Temperaturen, Niederschlägen und dem Tageslicht ab. Man unterscheidet *Grund-*, *Mittel-* und *Spitzenlast* (oder auch *Base-*, *Mid-* und *Peakload* im Englischen). Mit Grundlast ist der Grundbedarf an Strom gemeint, der nie unterschritten wird. Die Mittellast beschreibt den Strom, der über die Grundlast zusätzlich verbraucht wird. Unter der Spitzenlast ist eine kurzfristige hohe Stromnachfrage gemeint, die über die Mittellast hinaus geht (vgl. Amprion (a)). In Abbildung 5 ist die geordnete Jahresdauerlinie der prognostizierten Stromnachfrage dargestellt. Dabei wurden die je Stunde über das Jahr (8760 h) verdichteten Nachfragemengen absteigend sortiert.

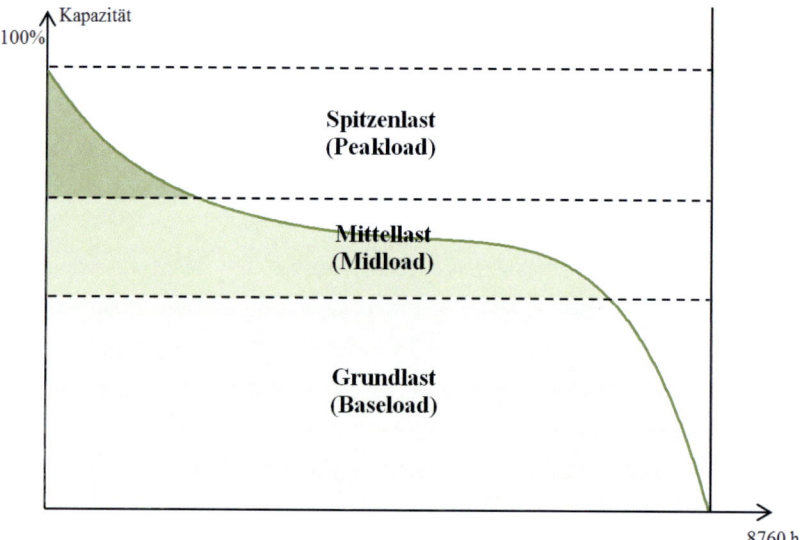

Abbildung 5: *Geordnete Jahresdauerlinie des prognostizierten Strombedarfs*[7]

Für die einzelnen Lastarten sind die einzelnen Kraftwerkstypen unterschiedlich gut geeignet. So benötigt die Grundlast Kraftwerke, die ständig in Betrieb kostengünstig Strom produzieren können. Hierfür werden größtenteils Braunkohle- und Kernkraftwerke verwendet. Für die Mittellast sind Steinkohlekraftwerke zuständig, da sie relativ schnell hochgefahren werden können und somit flexibler als Grundlastkraftwerke zu regeln sind. Um den Strom für die Spitzenlast zu gewährleisten, werden Reservekraftwerke benötigt, die bei plötzlich sehr hoher Nachfrage rasch zugeschaltet werden kön-

---

[7] In Anlehnung an: Schwab (2012), S. 751.

10

nen. Als Spitzenlasterzeuger werden Gasturbinenwerke oder sogenannte Pumpspeicher verwendet. Da sie nur für eine kurze Zeit arbeiten, ist ihr Strom auch besonders teuer (vgl. Amprion (a)).

Nachdem der Strom produziert und die Nachfrage prognostiziert wurden, können entsprechende Strommengen gehandelt und letztendlich zum Verbraucher transportiert werden. Der folgende Abschnitt beschäftigt sich näher mit der Wertschöpfungsstufe des Handels.

Stromhandel

Beim Stromhandel sind zwei Richtungen zu differenzieren. Zum einen gibt es den Verkauf von Strom an die Endverbraucher, der den Vertrieb zum Gegenstand hat und im letzten Abschnitt von Kapitel 2.1.1. behandelt wird. Zum anderen gibt es den Handel mit Strom, der nicht den Verkauf an die Endverbraucher meint. Dieser wird *Großhandel* genannt und soll im Folgenden näher betrachtet werden. Genauso differenziert man zwischen dem Strompreis, der als Stromtarif den Verbrauchern berechnet wird, und dem Strompreis, der abhängig von den Kosten der Stromerzeugung für die Kraftwerksbetreiber ist.

Die sogenannten *Stromgestehungskosten* setzen sich aus den fixen Kosten, hier *Leistungskosten*, und den variablen Kosten, hier *Arbeitskosten*, zusammen (vgl. Niederhausen/Burkert (2014), S. 64). Die Leistungskosten hängen nicht von der gelieferten Strommenge, sondern von der installierten Leistung ab. Sie beinhalten unter anderem Lohn- und Betriebskosten. Die Arbeitskosten hängen von der gelieferten Strommenge und von den Kosten der verwendeten Primärenergieträger ab. Grundlastkraftwerke haben hohe Fixkosten (z. B. hohe Kosten für den Bau), aber niedrige variable Kosten, da der eingesetzte Brennstoff kostengünstiger ist. Spitzenlastkraftwerke haben die niedrigsten Fixkosten, aber hohe variable Kosten. Mittellastkraftwerke lassen sich mit ihren variablen und fixen Kosten dazwischen eingliedern.[8] Nachfolgend werden die Vollkosten für die einzelnen Kraftwerkstypen in Abhängigkeit der Einsatzdauer dargestellt (Abbildung 6). Die Fixkosten werden dabei durch die Schnittpunkte mit der Y-Achse und die variablen Kosten durch die Steigung der Geraden dargestellt. Es wird ersichtlich, dass bei kurzen Laufzeiten die Spitzenlastkraftwerke und bei langen Laufzeiten die Grundlastkraftwerke am kostengünstigsten sind.

---

[8] Alle vorausgegangenen Ausführungen zu den Kosten angelehnt an: Burstedde (2014), S. 30 f.

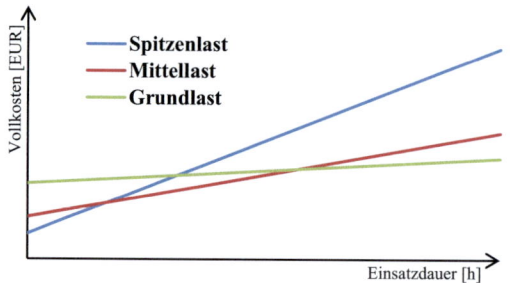

Abbildung 6: *Kostenstruktur der einzelnen Kraftwerkstypen*[9]

Die daraus abgeleiteten Grenzkosten sind maßgeblich für die Preisbildung an der Börse, die durch das sogenannte *Merit-Order-Modell* erklärt wird. Hierbei werden alle Kraftwerkstypen der einzelnen Primärenergieträger aufsteigend nach ihren Grenzkosten sortiert. Die erneuerbaren Energien mit Grenzkosten nahe Null haben aus gesetzlichen Gründen Vorrang. Die nächsten Kraftwerke sind Atom- und Braunkohlekraftwerke mit relativ geringen Grenzkosten. Zum Schluss folgen Steinkohle-, Gas- und Öl-Kraftwerke, da sie aufgrund hoher Brennstoff- und CO_2-Preise hohe Grenzkosten aufweisen.[10] Diese Reihenfolge wird *Merit-Order* genannt. Bei einem bestimmten Strombedarf werden solange Kraftwerke mit aufsteigenden Grenzkosten zugeschaltet, bis der Bedarf befriedigt ist. Das letzte zur Befriedigung des Bedarfs eingesetzte und damit von den eingesetzten Kraftwerken das teuerste Kraftwerk wird *Grenzkraftwerk* genannt und seine Grenzkosten bestimmen den Strompreis an der Börse (vgl. Graeber (2014), S. 16). Nachfolgendes Schema dient als Unterstützung für die obigen Erläuterungen zum Merit-Order-Prinzip.

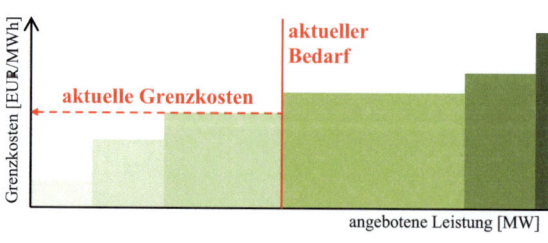

Abbildung 7: *Preisbildung im Merit-Order-Modell*[11]

---

[9] Entnommen aus: Burstedde (2014), S. 30.
[10] Alle vorausgegangenen Erklärungen angelehnt an: Graeber (2014), S. 16 f.; Agora Energiewende.
[11] In Anlehnung an: Graeber (2014), S. 17; Agora Energiewende.

Der Einkauf von Strom findet an der Strombörse, bei einem Händler oder direkt beim Erzeuger statt, wobei der größte Anteil der insgesamt verbrauchten Strommenge über direkte Lieferverträge gehandelt wird (vgl. Frenzel (2007), S. 138). Der Stromhandel kann zum einen börslich an der Energiebörse *European Energy Exchange* (EEX), die seit 2002 ihren Sitz in Leipzig hat und an der neben Strom auch Emissionsrechte, Erdgas und Kohle gehandelt werden, und zum anderen außerbörslich bilateral am *Over-the-Counter-Markt* (OTC) (vgl. Graeber (2014), S. 18) durchgeführt werden. Die EEX ist ein virtueller Handelsplatz, an der zahlreiche Akteure gleichzeitig standardisierte Produkte handeln. Beim OTC hingegen werden Geschäfte zwischen zwei Geschäftspartnern meist individuell ausgehandelt. Der Vergleich beider zeigt, dass die EEX durch hohe Transparenz und Liquidität geprägt ist, wohingegen hohe Flexibilität, viele Kontraktmöglichkeiten und Intransparenz den OTC auszeichnen.[12] Folglich weist der Handel an der EEX kaum Transaktionsrisiken, jedoch der Handel am OTC hohe Transaktionsrisiken auf. Sowohl an der EEX als auch am OTC gibt es viele Varianten, mit denen Strom gehandelt wird. Nachfolgend soll ein Überblick über die Möglichkeiten des Energiehandels an der EEX und am OTC gegeben werden.

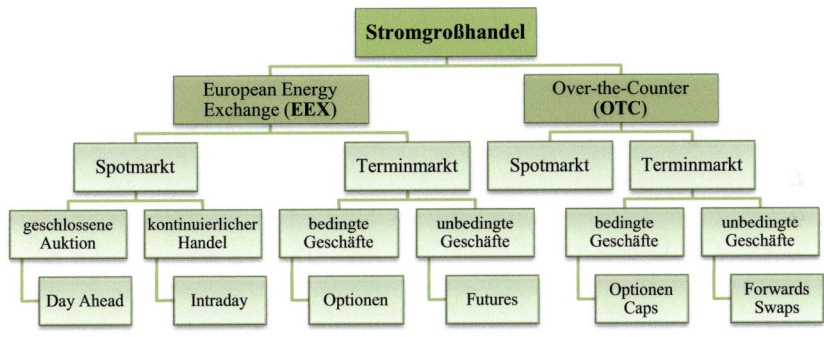

Abbildung 8: *Märkte und Segmente im Stromhandel*[13]

Am *Spotmarkt* werden Geschäfte mit einer kurzfristigen Erfüllung (ein Tag) und am *Terminmarkt* mit einer teils viel späteren Erfüllung (bis zu sechs Jahre) abgeschlossen. Der größte Teil der Strombeschaffung findet am Terminmarkt statt, der der Absicherung gegen mittel- und langfristige Marktrisiken und Strompreisschwankungen dient.[14] Ein kleiner Teil des Stroms wird am Spotmarkt beschafft, um kurzfristige Nachfrageschwankungen auszugleichen und das Beschaffungsportfolio anzupassen (vgl. BDEW

---

[12] Vgl. Frenzel (2007), S. 187 f.; Graeber (2014), S. 18; Maubach (2014), S. 272.
[13] In Anlehnung an: Frenzel (2007), S. 139, 154; Konstantin (2013), S. 48; Schwab (2012), S. 916.
[14] Vgl. Schwab (2012), S. 917; Burstedde (2014), S. 41.

(2014b), S. 58). Der Spotmarkt an der EEX unterteilt sich in einen *geschlossenen Auktionshandel* und einen *kontinuierlichen Handel*. Bei der geschlossenen Auktion werden Käufer- und Verkäufergebote bis 12 Uhr eines Handelstages abgegeben und gesammelt, wobei Kontrakte für jede einzelne Stunde des nächsten Tages gehandelt werden. Dieses Marktsegment wird *Day Ahead* genannt. Um den Preis für jede Stunde zu ermitteln, wird jeweils eine Angebots- und Nachfragekurve in Abhängigkeit der unterschiedlichen Mengen und Preise erstellt. Der Schnittpunkt dieser Kurven ergibt den Gleichgewichtspreis (*Market Clearing Price*) und das Gleichgewichtsvolumen (*Market Clearing Volume*) (siehe Abbildung 9).[15]

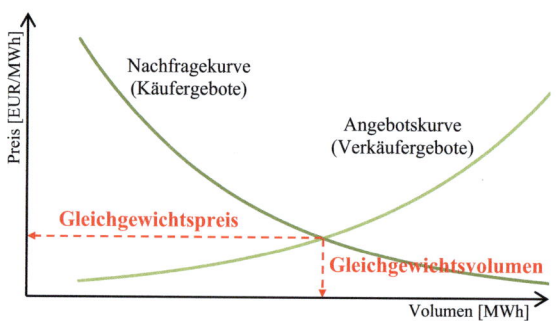

Abbildung 9: *Preiskalkulation nach Angebot und Nachfrage*[16]

Der kontinuierliche Handel an der EEX wird auch *Intraday* genannt. Dabei werden Käufer- und Verkäufergebote nicht erst gesammelt, sondern sofort auf Ausführbarkeit geprüft. Der Zeitraum bis zur Lieferung ist sehr kurz und gehandelt werden sowohl Kontrakte für Viertelstunden als auch für Stunden des laufenden Tages (vgl. Graeber (2014), S. 22 f.). Der Terminmarkt gliedert sich in *bedingte* und *unbedingte Geschäfte*. Bei bedingten Geschäften ist der Verkäufer zur Erfüllung des Geschäfts verpflichtet und der Käufer hat die Wahl, ob es zum Geschäftsabschluss kommt. Im Vergleich dazu sind bei unbedingten Geschäften sowohl der Verkäufer als auch Käufer zur Erfüllung des Geschäfts verpflichtet. Ein weit verbreitetes Instrument des bedingten Geschäfts ist die sogenannte *Option*. Der Halter einer Option hat das Recht, zu einem bestimmten Zeitpunkt die vertraglich vereinbarte Strommenge zu einem vertraglich vereinbarten Preis zu kaufen oder zu verkaufen (vgl. Burstedde (2014), S. 44). Dafür zahlt er eine Optionsprämie. Die wichtigsten Instrumente des unbedingten Geschäfts sind *Futures* an der EEX und *Forwards* am OTC, bei denen eine bestimmte Strommenge, der Lieferzeit-

---

[15] Alle vorausgegangenen Ausführungen zur geschl. Auktion angelehnt an: Konstantin (2013), S. 52.
[16] In Anlehnung an: Frenzel (2007), S. 172; Konstantin (2013), S. 52.

raum des Stroms und der Preis für die Stromlieferung vereinbart werden. Alternativ kann eine Ausgleichszahlung vereinbart werden, die die Differenz zwischen dem Tagespreis am Erfüllungstag und dem vertraglich festgelegten Preis ausgleicht (vgl. Frenzel (2007), S. 155). Im Spothandel werden Viertelstunden-, Stunden oder Block-Kontrakte und im Terminhandel Wochen-, Monats- oder sogar Jahres-Kontrakte gehandelt. Zudem unterscheidet man zwischen den Produkten *Base* (Lieferung in den 24 Stunden eines Tages, Montag bis Sonntag) und *Peak* (Lieferung in der Zeit von 8 bis 20 Uhr, Montag bis Freitag) (vgl. Hilpold/Kaiser (2010), S.156).

Im Zusammenhang mit dem Stromhandel muss auch der *Regelleistungsmarkt* erwähnt werden, der der kurzfristigen Absicherung der Stromversorgung dient. Da dieser von den Übertragungsnetzbetreibern verantwortet wird, soll er im Abschnitt des Stromtransports genauer erläutert werden.

Der Preis für die Strombeschaffung, der an der Börse gebildet wird, ist einer der drei Hauptbestandteile des Stromverbraucherpreises. Hinzu kommt der Preis für die Netznutzung, das sogenannte *Netznutzungsentgelt* (NNE), das gesetzlich geregelt ist und von den Stromnetzbetreibern für den Transport und die Verteilung des Stroms mit einer Umlage den Stromkunden in Rechnung gestellt wird (vgl. Agora Energiewende). Der dritte Hauptbestandteil umfasst die Abgaben, Umlagen und Steuern. Dazu gehören die Stromsteuer, die Mehrwert- und die Umsatzsteuer, die Konzessionsabgabe (Entgelt an die Gemeinden für die Nutzung des öffentlichen Raums), die KWK-Umlage (Entgelt für die Förderung der Stromerzeugung aus Kraft-Wärme-Kopplungs-Anlagen), die EEG-Umlage (Entgelt für die Förderung der Stromerzeugung aus erneuerbaren Energien).[17]

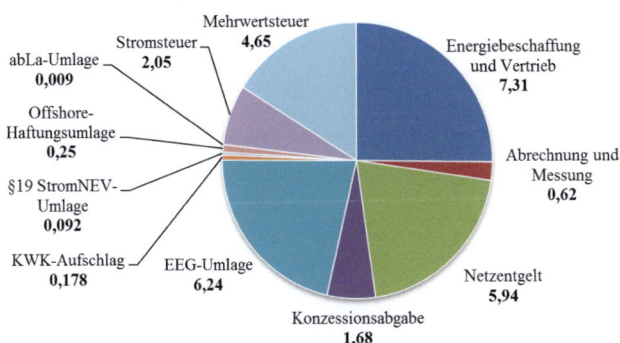

Abbildung 10: *Strompreis Haushalte 2014 (in ct/kWh): durchschnittlich 29,13 ct/kWh*[18]

---

[17] Alle vorausgegangenen Beschreibungen zu den Bestandteilen des Strompreises angelehnt an:
Konstantin (2013), S. 63 ff.; Agora Energiewende; Eichler.
[18] Entnommen aus: BDEW (2014c), S. 13.

Zu den bereits erwähnten Umlagen und Abgaben kommen noch weitere mit geringeren Anteilen hinzu. Aus Abbildung 10 wird ersichtlich, dass die Steuern, Abgaben und Umlagen mehr als 50% des Haushaltsstrompreises ausmachen. Etwa ein Viertel des Strompreises fällt auf die Energiebeschaffung und den Vertrieb. Die Netzentgelte machen 20% des Strompreises aus.

Stromtransport

Damit der Strom zum Kunden gelangt, muss er transportiert und verteilt werden. Ein reibungsloser Ablauf ohne teure Kurzschlüsse und Stromausfälle geht mit einer hohen Versorgungs- und Systemsicherheit einher, die eine gesicherte Stromproduktion und ausreichend Transportnetze voraussetzen. Die Stromnetzbetreiber sind dabei für die Übertragung und die Verteilung des Stroms sowie die Funktionsfähigkeit des Versorgungssystems verantwortlich. Konstantin (2013, S. 464) sieht die Aufgabe der Netzbetreiber darin, dass sie „zu einem Betrieb ihrer Versorgungsnetze verpflichtet [sind], der eine sichere, preisgünstige und umweltfreundliche Versorgung mit Elektrizität im Interesse der Allgemeinheit gewährleistet". Weitere Aufgaben bestehen in den Systemdienstleistungen der Frequenzhaltung, Spannungshaltung, Betriebsführung und dem Versorgungswiederaufbau nach Störungen (vgl. Konstantin (2013), S. 464). Die Kosten hierfür werden durch die oben schon erwähnten Netznutzungsentgelte auf die Kunden umgelegt, wobei die Höhe der NNE sowie die Arbeit der Netzbetreiber im Allgemeinen durch die *Bundesnetzagentur* (BNA) kontrolliert werden.

Das Stromnetz setzt sich aus vier Netzebenen zusammen: Höchstspannung, Hochspannung, Mittelspannung, Niederspannung. Für das Höchstspannungsnetz (220/380 kV) sind die sogenannten *Übertragungsnetzbetreiber* (ÜNB) zuständig. Hier wird Strom aus Großkraftwerken eingespeist und über große Entfernungen weiter transportiert (vgl. Palenberg). Für die Hochspannungs- (60/220 kV), die Mittelspannungs- (6-60 kV) und die Niederspannungsnetze (<1 kV) sind die *Verteilungsnetzbetreiber* (VNB) verantwortlich. Die Hochspannungsnetze versorgen die Großindustrie, die Mittelspannungsnetze die Kleinindustrie und das Niederspannungsnetz beliefert Haushalte und Gewerbebetriebe mit Strom (vgl. Palenberg). Das Stromnetz in Deutschland ist zudem in die vier Regelzonen der ÜNB unterteilt: *EnBW, Amprion, TenneT, 50Hertz* (vgl. Sohre (2014), S. 263 ff.). Jeder ÜNB hat in seiner Regelzone die Stromtransaktionen zu bilanzieren und das Gleichgewicht unter Zuhilfenahme von sogenannter *Regelenergie* zu erhalten. Auf beides soll im Folgenden näher eingegangen werden.

Jeder Teilnehmer am deutschen Strommarkt gehört einem *Bilanzkreis* an, der von einem ÜNB koordiniert wird und in dem alle Stromentnahmen durch die Verbraucher, alle Stromeinspeisungen durch die Produzenten und Lieferungen zwischen den einzelnen Bilanzkreisen saldiert werden und sich entsprechen müssen. An jedem Vortag einer Stromlieferung muss ein Bilanzkreis beim ÜNB angemeldet werden, der den Fahrplan von Produzenten und Verbrauchern für den nächsten Tag enthält (vgl. Burstedde (2014), S. 84). Dieser Fahrplan beinhaltet Prognosen, die auf historischen Daten basieren (siehe Abschnitt Stromerzeugung auf Seite 9). Bei auftretenden Differenzen zwischen dem geplanten Fahrplan und dem tatsächlichen Fahrplan verwendet der ÜNB die sogenannte *Ausgleichsenergie*, um das Gleichgewicht zwischen Stromeinspeisung und Stromentnahme wieder herzustellen (vgl. BMWi (2014b), S. 11). Auf diese Weise wird die Versorgungssicherheit gewährleistet.

Um die Systemsicherheit, also die Funktionsfähigkeit des Versorgungssystems, zu sichern, sind die ÜNB dazu verpflichtet, die Netzspannung und die Frequenz (50 Hertz) aufrechtzuerhalten und die Netze nicht zu überlasten (vgl. Schwab (2012), S. 917). Aus den oben erwähnten Fahrplänen kann der Netzbetreiber erkennen, welche Leitungen überlastet oder unterversorgt sein werden. Daraufhin benötigt der ÜNB Reserven und beschafft *Regelenergie* am *Regelleistungsmarkt* zur Frequenzhaltung und um die Stromversorgung gegen kurzfristige Unsicherheiten abzusichern (vgl. Burstedde (2014), S. 27). Dies geschieht in Form von Ausschreibungen, bei denen die ÜNB die benötigten Mengen ausschreiben, die Produzenten dafür Angebote abgeben und die ÜNB letztendlich Zuschläge vergeben, woraufhin die Produzenten zum einen dafür, dass sie bereit sind, ihre Kraftwerksleistung an den Regelenergiebedarf anzupassen (*Leistungspreis*), und zum anderen dafür, dass sie dann tatsächlich Regelenergie liefern (*Arbeitspreis*), vergütet werden (vgl. Bundesregierung (2014)). Die Regelenergie wird in Abhängigkeit ihrer Bereitstellungszeit in drei Typen unterteilt: *Primärreserve*, *Sekundärreserve*, *Minutenreserve* (Konstantin (2013), S. 463).

Im Rahmen der Netzwirtschaft fällt auch häufig der Begriff der *Anreizregulierung*, bei der Anreize zur Effizienzsteigerung für Netzbetreiber geschaffen werden. Maubach (2014, S. 267) beschreibt die Anreizregulierung als einen „‚Als-Ob' Wettbewerb […], der Produktivitätssteigerungen bei den Netzbetreibern anreizt". Hierbei werden von den Behörden die Erlösobergrenzen der Netzbetreiber aus den Netzentgelten festgelegt und somit ein Kostendruck erzeugt. Ist der Netzbetreiber in der Lage, seine Kosten, die mit diesen Erlösen gedeckt werden sollen, zu senken, so kann er zusätzliche Gewinne einfahren (vgl. Amprion (b)).

Im Gegensatz zu den im Rahmen der Liberalisierung der Elektrizitätswirtschaft liberalisierten Stufen Erzeugung, Handel und Vertrieb stellt das Netzgeschäft ein natürliches Monopol dar (vgl. Stender (2008), S. 15). Seit 2005 ist der Netzbetrieb im Rahmen des sogenannten *Unbundlings* getrennt von der Erzeugung und dem Handel/Vertrieb zu steuern (vgl. KPMG (2005)). Das Netz soll in einer vom Energiekonzern unabhängigen Gesellschaft geführt werden. So entstand zum Beispiel die *Amprion GmbH* als Tochtergesellschaft der *RWE AG*. Damit soll vermieden werden, dass der Vertrieb sich durch netzspezifische Informationsvorsprünge einen Wettbewerbsvorteil gegenüber anderen Netznutzern verschaffen oder der Erzeuger seinen Strom günstiger übertragen kann. Die Wertschöpfungsstufe des Vertriebs soll im letzten Teil des Kapitels 2.1.1. behandelt werden.

Stromvertrieb

In diesem Abschnitt liegt der Fokus auf dem Verkauf/der Lieferung von Strom an die Endverbraucher, der/die zum einen durch *Verbundunternehmen* und zum anderen durch *regionale* und *lokale Versorgungsunternehmen* vollzogen werden kann. Unter Berücksichtigung der Herauslösung des Netzbetriebs können die Aufgaben der einzelnen Versorgungsunternehmen wie folgt beschrieben werden. Die Verbundunternehmen betreiben Großkraftwerke, handeln mit Strom (auch international) und beliefern (Groß-)Endkunden mit Strom; regionale Versorgungsunternehmen erzeugen Strom in geringem Umfang und versorgen Endverbraucher mit Strom; lokale Versorgungsunternehmen (meist Stadtwerke) betreiben entweder selbst Klein- oder Großkraftwerke oder beziehen Strom von Verbund- oder Regionalunternehmen und liefern Strom an die Endkunden (vgl. Prigge/Reich (2003), S. 10). Insgesamt verfügt Deutschland über 1000 Stromanbieter (vgl. Kästner/Kießling (2009), S. 85). Die Stromkunden setzen sich zusammen aus den Privathaushalten, Industrie- und Gewerbekunden, öffentlichen Einrichtungen und Weiterverteilern. Sie werden abhängig vom Vertragstyp in Tarifkunden mit allgemeinen Tarifen und Sondervertragskunden mit individuellen Vertragskonditionen unterteilt. Die Produkte eines solchen Vertrags können neben der reinen Strom- auch die Gas- und Wasserversorgung enthalten und oft wird Wert auf den Bezug von *Ökostrom* gelegt. Weitere Dienstleistungen, die angeboten und vertraglich festgehalten werden können, sind Inspektionen und Wartungen von Kundenanlagen, Lastganganalysen sowie die Beratung zum Energiesparen und zur Energieeffizienz.

Aufgrund der Vielzahl an Versorgungsunternehmen kommt es zu einem starken Konkurrenzkampf zwischen den Stromanbietern. Bei der Versorgung von Industriekunden stehen die öffentlichen Versorgungsunternehmen (z. B. Stadtwerke) in Konkurrenz zu den großen Energieversorgern, da letztere bundesweit operierenden Industrieunternehmen bessere Konditionen bieten können, wohingegen Tarifabnehmer (größtenteils Haushalte) auf Kundennähe, schnelle Reaktion auf Kundenwünsche und eine individuelle Betreuung setzen und die öffentlichen Stromversorger hierfür die besseren Anbieter darstellen (vgl. Ridder (2011), S. 55 ff.). Letztendlich muss jeder Energieversorger versuchen, mit einem lukrativen Vertrag Kunden anzuwerben, und dies funktioniert oft über niedrigere Strompreise.

2.1.2. Die Energiewende

Bevor die Geschichte der Energiewende, ihre Ziele und Instrumente betrachtet werden, muss man erst verstehen, warum eine Energiewende überhaupt notwendig ist und welche Ursachen zur Einführung neuer Gesetze geführt haben. Wie in Kapitel 2.1.1. aufgeführt, werden sowohl der Primärenergieverbrauch als auch die Bruttostromerzeugung von den fossilen und nuklearen Energieträgern in der Summe dominiert. Ein Grundproblem hierbei besteht darin, dass die Ressourcen dieser Energieträger endlich sind und damit in naher Zukunft knapp sein werden. Zudem führt die ungleiche geografische Verteilung dieser Ressourcen zu einer starken Importabhängigkeit Deutschlands. So werden zum Beispiel 20% der Primärenergie aus einem einzigen Land, nämlich Russland, beschafft (vgl. Günther (2015), S. 30). Ein weiteres Problem der hohen Energieerzeugung durch fossile Brennstoffe stellt die hohe Emission von Treibhausgasen dar, die den Treibhauseffekt verstärkt und einen Temperaturanstieg auf der Erde begünstigt. Die Verwendung von nuklearen Energieträgern und damit der Betrieb von Atomkraftwerken birgt zudem hohe Unfallrisiken und bringt das Problem der langfristigen Lagerung radioaktiver Abfälle mit sich. All dies sind Motive für die Energiewende, doch ein Ereignis hat die schon anlaufenden Entwicklungen zur Energiewende noch drastisch beschleunigt (vgl. Maubach (2014), S. 27): die Reaktorkatastrophe von Fukushima in Japan im Jahre 2011, die durch ein sehr starkes Erdbeben hervorgerufen wurde. Danach beschloss die Bundesregierung den Atomausstieg, das Ende der Förderung des Steinkohlebergbaus und dass in Zukunft Strom weitestgehend ausschließlich aus erneuerbaren Energien erzeugt werden soll (vgl. Bauer et al. (2014), S. 1). Der Klimaschutz hat jedoch nicht erst nach diesem Ereignis begonnen. Bereits im Jahre 1997 wurden im sogenannten *Kyoto-Protokoll* länderspezifische Ziele für die Reduktion von Treibhausgasen festgelegt (vgl. Wesselak et al. (2013), S. 12). Auf dieser Grundlage wurde im Jahre 2005 der Emissionshandel eingeführt, durch den Unternehmen für jede Tonne ausgestoßenes CO_2 ein Zertifikat für das Emissionsrecht kaufen müssen. Da eine Höchstgrenze für die emittierte CO_2-Menge aller Unternehmen zusammen festgelegt wurde, sind diese dazu gezwungen, ihre Emissionen zu reduzieren und/oder ihre Zertifikate untereinander zu handeln.

Der Begriff *Energiewende* stammt aus dem Jahr 1980 (vgl. Quaschning (2013), S. 91) und wird definiert als „vollständige Transformation des Energiesystems eines Industrie-landes, das sich von einer kohlenstoffbasierten Versorgung mit Energie verabschiedet und auf eine nachhaltige, regenerative Basis der Energieversorgung umstellt" (Maubach (2014), S. 1). Das wichtigste Instrument der deutschen Energiewende stellt das soge-nannte *Gesetz zur Förderung der Stromerzeugung aus erneuerbaren Energien* bzw. *Erneuerbare-Energien-Gesetz* (kurz: EEG) dar, das erstmals im Jahre 2000 in Kraft getreten ist. Die Funktionsweise dieses Gesetzes wird im Anschluss genauestens erläu-tert, doch vorher wird ein kurzer Blick auf die Geschichte des EEG geworfen:

Jahr	Inhalte
1990	• Stromeinspeisegesetz gilt als Vorläufer • Strom aus regenerativen Quellen hat Vorrang vor fossilen Quellen
2000	• Im EEG wird die Vergütung von Ökostrom mit bis zu 50 Cent/kWh festgeschrieben • Langfristige Ziele: nachhaltige Energieversorgung, Klimaschutz, Weiterentwicklung von Technologien
2004	• Förderung wird angepasst • Schwächer entwickelte Energieträger werden besser vergütet
2009	• EEG wächst von 22 auf 66 Paragraphen zur zielgenauen Förderung
2010	• EEG wird geändert, um die Überforderung der Photovoltaik abzubauen
2012	• EEG 2012 tritt in Kraft • Dies bereitet vor allem den Weg zur Marktintegration
2014	• EEG-Reform zum kosteneffizienten, planbaren und marktwirtschaftlichen Ausbau der erneuerbaren Energien

Tabelle 2: *Die Geschichte des EEG*[19]

Sowohl in der Literatur, unter Ökonomen als auch in der Politik gibt es teils unter-schiedliche – aber sich gut ergänzende – Meinungen über die Ziele der Energiewende

---

[19] In Anlehnung an: BMWi (2014c), S. 12 f.

(vgl. Joas et al. (2014), S. 6). Es besteht dennoch ein Konsens darüber, dass die Hauptziele der Energiewende die Reduktion der Treibhausgasemissionen und die Abschaltung der Atomkraftwerke sind (vgl. Pittel/Lippelt (2012), S. 57). Das EEG hingegen ist ein unterstützendes Instrument, das darauf abzielt, Anlagen, die Strom aus erneuerbaren Energien erzeugen, zu fördern und den Markteintritt zu ermöglichen, da sie sonst „aufgrund ihrer Kostenstruktur am Markt nicht bestehen könnten" (BDEW (2014b), S. 21). Die energiepolitischen Ziele des Bundesregierung werden mit Hilfe von quantitativen Zielwerten in nachfolgender Tabelle dargestellt.

Ziel	bis 2020	bis 2050
Reduktion der Treibhausgasemissionen (ggü. 1990)	-40%	-80%
Reduktion des Primärenergieverbrauchs (ggü. 2008)	-20%	-50%
Reduktion des Stromverbrauchs (ggü. 2008)	-10%	-25%
Anteil Stromerzeugung aus EE am Bruttostromverbrauch	35%	80%
Anteil der EE am Bruttoendenergieverbrauch	18%	60%
Ausstieg aus der Kernenergienutzung	bis 2022	

Tabelle 3: *Die energiepolitischen Ziele der Bundesregierung*[20]

Zusätzlich wurden von der Bundesregierung Unterziele für die Bereiche Mobilität, Logistik, Wärme und den Immobiliensektor (z. B. Gebäudesanierung) festgelegt (vgl. Tönskötter (2012), S. 12). Huber et al. (2012, S. 16) sehen neben den quantitativen Zielen auch die Schaffung neuer Arbeitsplätze, die Reduktion der Abhängigkeit von endlichen fossilen Energieträgern (und damit auch vom Import dieser Energieträger) und zuletzt auch eine Stärkung der deutschen Innovationskraft und Wettbewerbsfähigkeit. Scheffler (2014, S. 6) greift zudem das Ziel der Reduktion der volkswirtschaftlichen Kosten der Energieversorgung auf. Der auf diesen Zielen basierende Primärenergieverbrauch nach Energieträgern kann wie in Abbildung 11 dargestellt prognostiziert werden.

Häufig wird im Zusammenhang der Ziele der Energiewende das sogenannte *energiepolitische Zieldreieck* erwähnt. Dieses besteht aus den drei Kriterien: *Versorgungssicherheit, Umweltverträglichkeit* und *Wirtschaftlichkeit*. Die Versorgungssicherheit wird häufig in technische und politische Versorgungssicherheit unterteilt. Unter der technischen Versorgungssicherheit versteht man die Fähigkeit eines Energiesystems, zu jeder Zeit

---

[20] In Anlehnung an: Kohler (2014), S. 3 f.; Smith Stegen/Seel (2013), S. 1483.

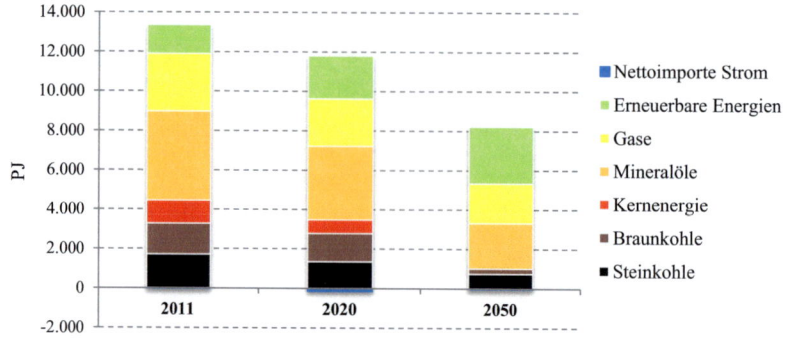

Abbildung 11: *Primärenergieverbrauch nach Energieträgern 2011, 2020, 2050*[21]

zuverlässig Strom zu liefern und bei möglichen Störungen sofort zu reagieren, wohingegen die politische Versorgungssicherheit sich damit beschäftigt, wie abhängig ein Energiesystem von Energieträgerimporten und wie verflochten es mit dem Ausland ist.[22] Die Umweltverträglichkeit wird größtenteils mit der Reduktion von CO_2-Emissionen und dem Ausstieg aus der Atomenergie in Verbindung gebracht (vgl. Maubach (2014), S. 160 ff.). Die Wirtschaftlichkeit zielt auf eine „preisgünstige und kosten-effiziente Stromversorgung" (Pittel (2012), S. 23) ab, wobei mit einer preisgünstigen sowohl eine bezahlbare als auch wettbewerbsfähige Versorgung gemeint ist und die Kosteneffizienz die Abwägung von Kosten und Nutzen miteinschließt. Wie gut das gegenwärtige Energiesystem in Deutschland den drei Anforderungen des energiepoliti-schen Dreiecks genügt, stellt Günther (2015, S. 22 ff.) dar: die Versorgungssicherheit ist sehr hoch, birgt aber auch aufgrund der ziemlich hohen Importabhängigkeit Gefahren; die Wirtschaftlichkeit ist zum Teil erfüllt, da das Energiepreisniveau vergleichsmäßig nicht zu hoch ist, aber hohe externe Kosten entstehen können und Rohstoffe einem Preisrisiko ausgesetzt sind; die Umweltverträglichkeit ist wegen des hohen Anteils der Stromerzeugung aus fossilen und atomaren Brennstoffen kaum gegeben, jedoch führt ein durch die Energiewende bedingt steigender Anteil der Stromproduktion aus erneu-erbaren Energien zu einem erhöhten Umweltschutz. Es fällt auf, dass die drei Kriterien des Zieldreiecks zur Zeit nur teilweise gut erfüllt sind. Inwiefern die Ziele der Energie-wende, also der Ausbau der Nutzung von erneuerbaren Energien, die Erhöhung der Energieeffizienz und der Ausstieg aus der Atomenergie, mit dem Zieldreieck der Ener-giepolitik vereinbar sind, erläutert Pittel (2012, S. 23 ff.). Die Vor- und Nachteile ein-zelner Energieträger wurden bereits in der Tabelle 1 auf Seite 9 aufgeführt. Eine Erhö-

---

[21] In Anlehnung an: Prognos AG, EWI, GWS (2014), S. 80. Anm.: 1 Petajoule (PJ) ≈ 277,78 Mio. kWh.
[22] Vgl. Pittel/Lippelt (2012), S. 57; Pittel (2012), S. 22.

hung der Nutzung von erneuerbaren Energien verstärkt somit die genannten Vorteile (z. B. geringe Umweltverschmutzung), aber auch die Nachteile (z. B. hohe Anfangsinvestitionen, klimatische Schwankungen). Die Abkehr von der Energieerzeugung aus Kernbrennstoffen verringert die erwähnten Nachteile (z. B. gefährlicher Atommüll), mindert jedoch auch die Vorteile (z. B. Wirtschaftlichkeit).

Um all diese Ziele zu erreichen sind gewisse Maßnahmen und Instrumente erforderlich. Die Wirkungsweise des bekanntesten Instruments, nämlich des EEGs, soll im Folgenden beschrieben werden. Um die Stromerzeugung aus erneuerbaren Energien zu fördern, sind die Netzbetreiber dazu verpflichtet, nach dem EEG förderfähige Anlagen (die Strom aus Sonne, Wind, Wasser oder Biomasse erzeugen) vorrangig anzuschließen und deren erzeugten Strom vorrangig abzunehmen, zu übertragen und zu verteilen. Zudem verpflichtet das EEG die Netzbetreiber dazu, eine feste Vergütung pro kWh an diese Anlagen über bis zu 20 Jahre zu zahlen. Diese sogenannte *Einspeisevergütung* hängt vom Standort und der Größe der Anlage sowie vom Anlagentyp ab. Eine Alternative stellt die sogenannte *Marktprämie* dar, die die Anlagenbetreiber im Falle der selbständigen Vermarktung bzw. der Vermarktung über Dritte ihres Stroms an der Strombörse zusätzlich zu den am Markt erzielten Erlösen erhalten. Entscheiden sie sich für die Einspeisevergütung, verkaufen die Übertragungsnetzbetreiber den EEG-Strom an der Börse. Dabei entsteht für die Netzbetreiber eine Differenz zwischen den Einnahmen und Ausgaben, da der Marktpreis für den erzeugten Strom meist geringer als die gezahlte Einspeisevergütung ist. Diese Differenz wird durch die sogenannte *EEG-Umlage* auf alle Stromverbraucher umgelegt. Wie sich die EEG-Umlage auf die einzelnen Verbrauchergruppen verteilt, wird durch Abbildung 12 ersichtlich.

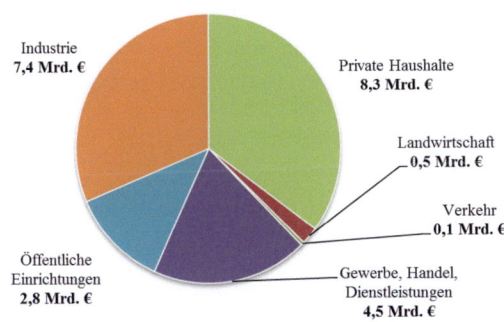

Abbildung 12: *Verteilung der EEG-Umlage auf die Verbraucher (Kosten für das EEG 2014: 23,6 Mrd. €)*[23]

---

[23] Entnommen aus: BDEW (2014b), S. 49.

Für stromintensive Unternehmen gelten Ausnahmen bezüglich der Zahlung der EEG-Umlage, damit ihre Wettbewerbsfähigkeit – vor allem im internationalen Vergleich – nicht gefährdet wird.[24]

Das EEG stellt somit ein Instrument zur Steigerung des Anteils der Stromerzeugung aus erneuerbaren Energien am Bruttostromverbrauch und zur Erhöhung des Anteils der erneuerbaren Energien am Bruttoendenergieverbrauch dar. Da das EEG die Energiewende nicht alleine stemmen kann, sind noch weitere Maßnahmen notwendig. Um die Treibhausgasemissionen zu reduzieren, wurde der schon erwähnte Emissionshandel eingeführt und um den Primärenergie- und Stromverbrauch zu reduzieren sind stromsparende und energieeffizientere Geräte beim Endverbraucher einzusetzen und Technologien zu entwickeln, durch die weniger Energie bei den Umwandlungsprozessen verloren geht (vgl. Maubach (2014), S. 251-254). Durch den vermehrten Einsatz von erneuerbaren Energien ergeben sich zwei wesentliche Probleme, die durch gewisse Maßnahmen zu bewältigen sind. Zum einen kommt es zu einer geografischen Verteilung der Stromerzeugung, die eine dezentrale Einspeisung nach zieht sich, da zum Beispiel Strom aus Windenergieanlagen eher im Norden Deutschlands wirtschaftlich erzeugt werden kann, aber die Verbrauchsschwerpunkte eher im Westen und Süden des Landes liegen (vgl. Jarass/Obermair (2012), S. 42). Um dieses Problem weitestgehend zu lösen, ist ein umfangreicher Ausbau und eine technische Anpassung der Netze notwendig. So sieht der Netzentwicklungsplan 2013 eine Modernisierung bestehender Trassen (2800 km) und einen Ausbau neuer Trassen (2650 km) im Bereich der Übertragungsnetze sowie einen Ausbau der Verteilnetze (über 100.000 km) vor (vgl. Kohler (2014), S. 14 f.). Netze sollen somit nicht nur erweitert, sondern auch intelligent werden, da sie wie nachfolgend beschrieben starken Einspeiseschwankungen ausgesetzt sein werden (vgl. Weller/Funk (2014), S. 42). Das zweite Problem besteht in der zeitlichen Verteilung der Stromerzeugung, die durch das stark fluktuierende Stromangebot aus erneuerbaren Energien entsteht (vgl. Jarass/Obermair (2012), S. 42). Um dem entgegenzuwirken, gibt es verschiedene Möglichkeiten, die sich gut ergänzen. Als erstes ist der Zubau von Energiespeichern zu erwähnen. Durch moderne Speicher ließe sich elektrische Energie an wind- und sonnenreichen Tagen speichern bzw. in andere speicherbare Energieformen umwandeln (z. B. Methan) und an sonnen- und windarmen Tagen abrufen (vgl. Jarass/Obermair (2012), S. 81). Eine weitere Möglichkeit ist der Zubau von Reserve-

---

[24] Alle vorausgegangenen Beschreibungen zu der Wirkungsweise des EEG angelehnt an:
Tönskötter (2012), S. 20 f.; BMWi (2014c), S. 8, 20 f.; Graeber (2014), S. 29-35; Amprion (c); WBGU (2012), S. 17.

kraftwerken. Quaschning (2013, S. 109) erwähnt hierfür die Geothermie und die Bio-masse als mögliche Quellen. Zudem können eine „Anpassung der Stromerzeugung an die Nachfrage" (Erzeugungsmanagement) sowie eine „Anpassung des Stromverbrauchs an die Stromerzeugung" (Lastmanagement) (Jarass/Obermair (2012), S. 80 f.) Abhilfe schaffen und für eine intelligentere Steuerung sorgen. Die möglichen Funktionsweisen des Lastmanagements werden bei Köpp et al. (2013) genauer betrachtet.

All diese Projekte zur Stromerzeugung, -übertragung, und -speicherung sind möglichst gleichzeitig zu realisieren (vgl. Niederhausen/Burkert (2014), S. 521) und dafür sind weitere Anstrengungen im Bereich der Forschung und Entwicklung und insbesondere hohe Investitionen erforderlich. Wie hoch jedoch die Gesamtkosten für die Energie-wende sein werden, ist ungewiss und hängt von sehr vielen unsicheren Faktoren ab. Tönskötter (2012, S. 19) formuliert es folgendermaßen: „Es gibt kein Preisschild für die Energiewende".

2.2. Grundlagen des Risikomanagements

2.2.1. Definition wesentlicher Begriffe

Der Ausgangspunkt für die Handhabung von Risiken in einem Unternehmen ist eine verständliche Definition von Risiko. Somit bildet das Definieren von Risiken die Basis für ein effektives Risikomanagement, das im zweiten Teil dieses Abschnitts thematisiert wird.

Es wird angenommen, dass die Herkunft des Begriffs *Risiko* das italienische Wort *risco* ist, das mit *Gefahr* oder *Verantwortung* übersetzt werden kann (vgl. Romeike/Hager (2009), S. 31). Demnach wird Risiko im Allgemeinen mit Negativem assoziiert. In der Literatur jedoch variieren Risikodefinitionen stark und so hat sich keine allgemein gültige Definition durchgesetzt, weder in der Theorie noch in der Praxis. Trotzdem ist Risiko ein geläufiger Begriff in der Wirtschaft, der häufig mit Unsicherheit und Ereignissen sowie deren Konsequenzen in der Zukunft, in Verbindung gebracht wird. Doody (2009, S. 17) definiert Risiken als potenzielle Ereignisse, die das Erreichen der Unternehmensziele beeinflussen könnten und auch Meyer et al. (2011, S. 2) legen dar, dass man Risiko als die Auswirkung von Unsicherheit auf Ziele verstehen kann. Eine weit verbreitete Definition beschreibt Risiko „als die Möglichkeit von Wertveränderungen bestimmter Objekte innerhalb eines vorgegebenen Zeitraums oder einer vorgegebenen Entscheidungssituation" (Cottin/Döhler (2013), S. 1 f.), folglich kann Risiko als beides angesehen werden, positive und negative Abweichung. Eine negative Abweichung wird häufig mit dem Risiko eines Verlustes oder eines Schadens und eine positive Abweichung mit Chancen in Verbindung gebracht. In der Praxis wird Risiko in der Regel als die Kombination aus der Wahrscheinlichkeit und den (häufig monetären) Folgen eines Ereignisses verstanden (vgl. IRM (2002), S. 2).

Im Folgenden wird näher auf die einzelnen Risikoarten eingegangen. Man kann diese in *interne* und *externe Risiken* einteilen (vgl. Diederichs (2012), S. 55 ff.). Interne Risiken beziehen sich auf die operativen Geschäftsprozesse in einem Unternehmen und resultieren häufig aus unternehmerischem Handeln. Externe Risiken betreffen das gesamte Unternehmen und entspringen dem Unternehmensumfeld oder der Gesellschaft.

Risiken können auf unterschiedliche Art und Weise kategorisiert werden. Diederichs (2012, S. 55 ff.) klassifiziert diese wie folgt in Abbildung 13. Die Bedeutung der einzelnen Risikoarten variiert von Unternehmen zu Unternehmen.[25]

---

[25] Für mehr Informationen siehe: Nevries/Strauß (2008), S. 106-111.

Abbildung 13: *Exemplarische Risikokategorisierung*[26]

Nachdem nun der Begriff des Risikos näher erläutert wurde, besteht der nächste Schritt darin, zu klären, was unter *Risikomanagement* (RM) zu verstehen ist. Der Begriff suggeriert, dass es sich um ein System zur Handhabung von Risiken handelt. In *Official Terminology* (2005) beschreibt das Chartered Institute of Management Accountants (CIMA) es als den Prozess des Risikoverstehens und der Risikohandhabung, dem das Unternehmen zwangsläufig unterliegt, wenn es versucht, die Unternehmensziele zu erreichen. Eine detailliertere Definition schildert: „Risikomanagement [...] stellt die Gesamtheit der organisatorischen Maßnahmen und Prozesse dar, die auf die Identifikation, Beurteilung, Steuerung und Überwachung von Risiken abzielen" (Diederichs (2012), S. 13). Hieraus geht hervor, dass der Kernpunkt des Risikomanagements durch den Risikomanagementprozess beschrieben werden kann, der im nächsten Kapitel näher betrachtet wird.

Die *Ziele eines Risikomanagementsystems* können laut Romeike (2003, S. 150) wie folgt zusammengefasst werden:

- Erhöhung des Unternehmenswertes
- Optimierung der Risikokosten
- Sicherung der Unternehmensziele und des künftigen Erfolgs
- Soziale Ziele aus gesellschaftlicher Verantwortung

Um diese Ziele zu erreichen sind gewisse Aufgaben wahrzunehmen. Angelehnt an die Ziele können somit folgende *Aufgaben eines Risikomanagementsystems* formuliert werden (vgl. Diederichs (2012), S. 13):

---

[26] Entnommen aus: Diederichs (2012), S. 56.

- Aufbau einer Risikomanagement-Organisation
- Schaffung eines unternehmensweiten Risikobewusstseins einschließlich der Definition von Risiko und Sicherheitszielen
- Rechtzeitiges Erkennen von Risiken
- Analyse, Bewertung und laufende Überwachung der Risikosituation
- Steuerung von Risiken

Zudem ist es wichtig zu erwähnen, dass die Aufgabe des Risikomanagements nicht darin besteht, Risiken zu eliminieren. Es geht viel mehr darum, eine „Transparenz über die Risikosituation" (Gleißner (2011), S. 12) herzustellen. Eine Eliminierung der Risiken würde keine Chancen mehr erlauben und somit zu unternehmerischer Inaktivität führen.

2.2.2. Der Risikomanagementprozess

Risikomanagement ist kein einmaliges Projekt, sondern ein kontinuierlicher Prozess, der immer wieder durchlaufen werden muss. Er wird vielfach in der Form eines Kreislaufs dargestellt. In der Literatur besteht dieses Kreislaufmodell aus drei bis sechs Stufen. In *Fraud risk management* (2009, S. 19 ff.) zum Beispiel beschreibt Doody sechs Schritte bestehend aus dem Risikomanagement-Kreislauf und einem initiierenden Schritt. Die einzelnen Schritte sehen wie folgt aus:

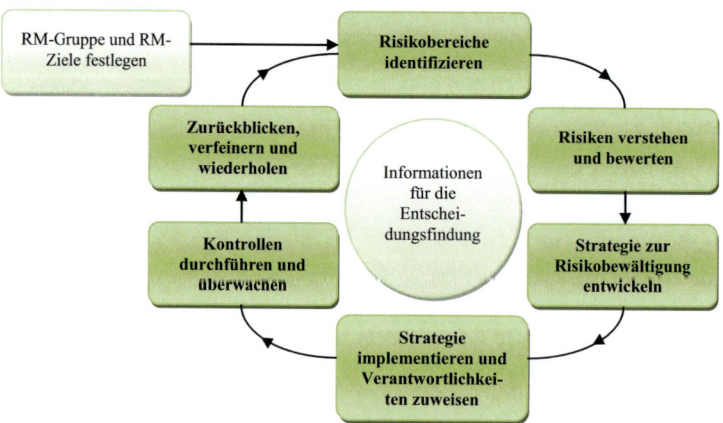

Abbildung 14: *Der Risikomanagement-Kreislauf des CIMA*[27]

Kajüter (2012, S. 114) beschreibt drei Hauptstufen für den Risikomanagementprozess: frühzeitige Risikoerfassung (d. h. Risikoidentifikation, Risikobewertung und Risiko-

---

[27] In Anlehnung an: Doody (2009), S. 19 [übersetzt].

kommunikation), Risikobewältigung (d. h. Risikoregulierung und Risikokontrolle) und interne Überwachung. Es fällt auf, dass diese drei Schritte im Vergleich zum Risikomanagement-Kreislauf des CIMA weniger konkret sind, jedoch enthalten sie mehr oder weniger obige Schritte. In der Literatur herrscht ein breiter Konsens darüber, dass der Risikomanagementprozess in die Hauptphasen Risikoidentifikation, Risikobewertung, Risikosteuerung und Risikoüberwachung unterteilt werden kann (vgl. Wall (2003), S. 457-471), deshalb wird der Fokus in dieser Untersuchung auf diesen vier Phasen liegen, die im Folgenden genauer betrachtet werden sollen.

Der Ausgangspunkt des Risikomanagementprozesses ist die **Risikoidentifikation**, die darauf abzielt, eine Informationsbasis für die nächsten Schritte bereitzustellen. In dieser Phase, die die wichtigste aller Phasen darstellt, müssen alle signifikanten Risiken vollständig identifiziert und nach bestimmten Kategorien sortiert werden. Sollten einige wichtige Risiken nicht identifiziert werden, so kann dies zu ernsthaften Bedrohungen führen, deshalb sollten folgende Postulate stets berücksichtigt werden: Vollständigkeit, Aktualität, Wesentlichkeit und Systematik.[28] In der Literatur finden sich viele Methoden und Instrumente, um Risiken zu identifizieren. Um Risiken zu erfassen, können gängige Methoden wie Varianzanalysen, Workshops, Brainstorming, Interviews, Organisationspläne, Bilanzen, Checklisten, Statistiken und Sitzungen verwendet werden, jedoch sind spezielle Analysemethoden, die im Folgenden vorgestellt werden, effizienter. Diese haben sich als besonders nützlich erwiesen (vgl. Romeike (2005), S. 17-32).

Eine dieser speziellen Methoden ist *Porter's Wertkettenmodell*, das sich auf die Wettbewerbsvorteile eines Unternehmens konzentriert (vgl. Porter (1999), S. 63 ff.). Die Grundidee besteht darin, die relevanten Aktivitäten zu identifizieren, bei denen das Unternehmen einen höheren Wettbewerbsvorteil gegenüber anderen aufweist, dann diese bezogen auf das Endprodukt nach primären und sekundären Aktivitäten zu differenzieren und sie anschließend in Einzelaktivitäten aufzugliedern. Auf diese Weise kann das Unternehmen feststellen, welche Prozesse potentielle Risiken bergen und genauer betrachtet werden sollten. Andere Methoden, die in einer ähnlichen Weise arbeiten, sind *ereignisgesteuerte Prozessketten*, die *Fehlermöglichkeits- und Einflussanalyse* und die *Fehlerbaumanalyse*.[29] Bei der Anwendung dieser Methoden zur Erkennung von Risiken sollte man immer versuchen, ein Gleichgewicht zwischen einer vollständigen und einer ökonomisch sinnvollen Risikoidentifikation herzustellen.

---

[28] Vgl. Diederichs (2012), S. 51 f.; Kajüter (2012), S. 155 f.
[29] Für mehr Informationen siehe: Diederichs (2012), S. 62 ff.; Gleißner (2011), S. 66 ff.

Im nächsten Schritt werden die identifizierten Risiken bewertet, was die Phase der **Risikobewertung** einleitet. Das Ziel dieser Phase besteht darin, die Wichtigkeit der einzelnen Risiken zu erarbeiten und diese anschließend entsprechend zu klassifizieren. Eine einfache und weit verbreitete Bewertungsmethode ist das Erstellen einer *RiskMap*, die die möglichen monetären Auswirkungen eines Risikos gegen die entsprechende Eintrittswahrscheinlichkeit in einer Grafik aufträgt.[30] Dabei sollten sowohl die potenziellen Auswirkungen als auch die Eintrittswahrscheinlichkeiten beide entweder qualitativ oder quantitativ sein. Sollte eine quantitative Analyse nicht möglich sein, weil zu wenige Informationen zur Verfügung stehen, kann man Risiken in die Kategorien „hoch", „mittel" und „niedrig" einstufen. Merchant und Van der Stede (2012, S. 593) präsentieren ein einfaches Beispiel in einer Fallstudie und verwenden die folgende Schweregrad- und Wahrscheinlichkeitsskala:

Schweregrad			
3	3	6	9
2	2	4	6
1	1	2	3
	1	2	3
	Wahrscheinlichkeit		

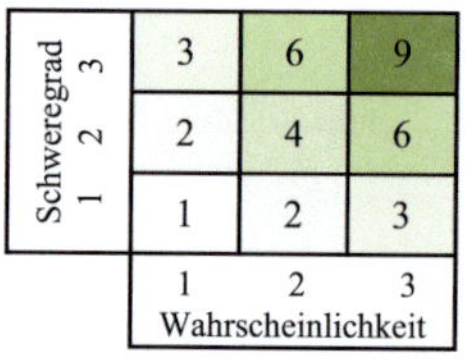

Schweregradskala	Wahrscheinlichkeitsskala
1 = nicht signifikant 2 = signifikant, aber nicht erheblich 3 = erheblich	1 = unwahrscheinlich in den nächsten 12 Monaten 2 = geringes Auftreten möglich in den nächsten 12 Monaten 3 = geringes Auftreten schon heute ODER signifikantes Auftreten möglich in den nächsten 12 Monaten

Abbildung 15: *Risk Heat Map*[31]

In einer RiskMap wird ohne weiteres ersichtlich, welche Risiken bedeutsam sind, weil die Position eines Risikos in der Map seine Wichtigkeit und die damit verbundene Dringlichkeit von Gegenmaßnahmen aufzeigt, somit bietet die RiskMap eine übersichtliche Darstellung und Klassifizierung/Priorisierung der Risiken. Es gibt eine Vielzahl anderer quantitativer und qualitativer Methoden, die eingesetzt werden können, um Risiken zu bewerten, z. B. Erwartungswerte, Verteilungen, Scoring-Modelle, Szenariotechnik.[32] Ein weiteres gebräuchliches Risikomaß ist der *Value-at-Risk* (VaR), der als der (in Geldeinheiten bewertete) maximale Verlust einer Risikoposition, der mit einer bestimmten Wahrscheinlichkeit innerhalb eines bestimmten Zeitraums nicht überschrit-

---

[30] Vgl. Diederichs (2012), S. 92 ff.; Gleißner (2011), S. 145 ff.; Kajüter (2012), S. 167 ff.
[31] In Anlehnung an: Merchant/Van der Stede (2012), S. 593 [übersetzt].
[32] Vgl. Frenkel et al. (2000), S. 286; Gleißner (2011), S. 111-125.

ten wird, definiert werden kann.[33] Ein ähnliches Maß ist der *Cash-Flow-at-Risk* (CFaR), der niedrigste Cashflow, der mit einer bestimmten Wahrscheinlichkeit innerhalb eines bestimmten Zeitraums mindestens erreicht wird (vgl. Diederichs (2012), S. 117). Das größte Problem dieser Phase ist das Fehlen von Erfahrungswerten, sodass nur Schätzungen verwendet werden können und dies zu Fehlern führen kann.

Sind die Risiken identifiziert, bewertet und klassifiziert, ist es an der Zeit darüber nachzudenken, wie diese zu behandeln sind. Die bewerteten Risiken sollten im nächsten Schritt, der **Risikosteuerung**, mit den Sicherheitszielen des Unternehmens verglichen und steuerbar gemacht werden. In der Literatur werden meist vier Handlungsalternativen bzw. Behandlungsstrategien erwähnt.[34] Diese werden in folgendem Schema anschaulich dargestellt:

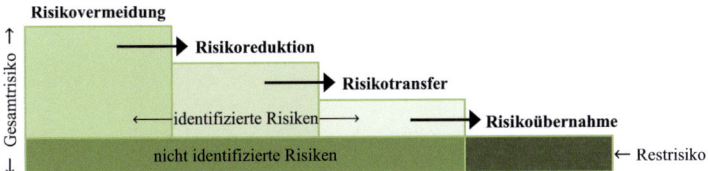

Abbildung 16: *Strategien zur Risikobewältigung*[35]

Die *Risikovermeidung* reduziert die Eintrittswahrscheinlichkeit auf Null, indem gewisse unternehmerische Aktivitäten aufgegeben werden (z. B. riskante Geschäfte). Diese Strategie sollte nur im Falle von existenziellen Risiken verwendet werden, weil dabei Gewinnchancen aufgegeben werden.

Die *Risikoreduktion* reduziert die Eintrittswahrscheinlichkeit und/oder die Auswirkungen auf ein akzeptables Niveau, indem technische oder organisatorische Maßnahmen eingeleitet werden (z. B. IT-Sicherheit oder Outsourcing).

Der *Risikotransfer* ist eine Strategie, um Risiken auf eine dritte Partei zu übertragen, die den Schaden über vertragliche Vereinbarungen übernimmt (z. B. durch den Abschluss von Versicherungen).

Die *Risikoübernahme* findet genau dann statt, wenn ein Unternehmen das Restrisiko selbst tragen muss, weil die anderen Strategien nicht alle Risiken vollständig ausschließen können. In diesem Fall benötigt das Unternehmen eine ausreichende Kapitalausstattung sowie Liquiditätsreserven.

---

[33] Vgl. Oehler/Unser (2002), S. 14; Spellmann/Unser (1998), S. 261 ff.
[34] Vgl. Diederichs (2012), S. 124 ff.; Gleißner (2011), S. 181 ff.; Kajüter (2012), S. 188 f.
[35] In Anlehnung an: Romeike (2002), S. 12-17.

Die letzte Phase des Risikomanagementprozesses ist die **Risikoüberwachung**, die die Berichterstattung und Kommunikation von Risiken umfasst. Es geht hier darum, dass die verantwortungstragenden und entscheidungsfällenden Abteilungen über die Risikosituation aufgeklärt werden sollen und der Risikobericht in das Standardberichtssystem integriert werden soll, sodass die aktuellen Entwicklungen berichtet werden können. Für einen effizienten Ablauf muss jedoch vorher ein entsprechender Rahmen festgelegt werden, d. h. risikoverantwortliches Personal, ein Berichtskalender sowie weitere wichtige Standards müssen beschlossen werden.

3. Risiken in der deutschen Energiewirtschaft

Im Folgenden wird der Risikomanagementprozess auf Unternehmen, die in der Energiewirtschaft tätig sind, angewandt. Dabei werden zuerst Risiken im Rahmen der Risikoidentifikation identifiziert, und zwar zum einen Risiken, die generell auftreten, und zum anderen Risiken, die insbesondere durch die Energiewende entstehen oder verstärkt werden. In einem zweiten Schritt werden Verfahren vorgestellt, die in der Literatur vor allem beim Bewerten von Risiken im Energiegeschäft erscheinen. Im Anschluss werden spezielle Instrumente vorgestellt, um den identifizierten und bewerteten Risiken entgegenzutreten und diese zu steuern, sowie ein kurzer Blick auf die Risikoüberwachung in Energieunternehmen geworfen.

3.1. Risikoidentifikation

3.1.1. Generelle Risiken der Stromwirtschaft

In der Literatur lassen sich viele Risikokategorisierungen finden. Wie in Kapitel 2.2.1. schon angesprochen, kann man Risiken in externe und interne Risiken aufteilen. Manchmal werden Risiken in leistungswirtschaftliche, finanzwirtschaftliche und Risiken aus Management und Organisation aufgeschlüsselt (vgl. Madlener et al. (2009), S. 136). In diesem Buch wird die Aufgliederung der Risikotypen ähnlich wie bei Borgmann (2004, S. 93) erfolgen, und zwar in finanzielle und nicht-finanzielle Risiken. Dabei werden jedoch nicht alle erdenklich möglichen Risiken beschrieben, die überhaupt eintreten können, sondern sollen vielmehr die häufig mit der Energiewirtschaft in Verbindung gebracht werdenden Risiken und damit die für Energieunternehmen wichtigsten Risiken identifiziert werden. Somit soll nachfolgende Darstellung und Ausführung keinesfalls als vollständige Risikoidentifikation angesehen werden, denn wie weiter oben schon erwähnt, ist eine vollständige Identifikation nicht immer wirtschaftlich und daher sollte man sich auf die wesentlichen Risiken beschränken.

Abbildung 17 stellt die Risikokategorisierung der bedeutendsten Risiken für Energieunternehmen dar. Zu den finanziellen Risikotypen werden die Investitions-, die Kredit- und die Marktrisiken gezählt, wobei man zu den letzteren das Preis- und Mengenrisiko, das Marktliquiditätsrisiko sowie das Währungs- und das Rohstoffpreisrisiko zählt. Als nicht-finanzielle Risikotypen werden in dieser Studie die operationellen, die strategischen und sonstige Risiken betrachtet. Sonstige Risiken stellen Gefahren wie die Importabhängigkeit, politische und rechtliche Risiken, Reputationsrisiken sowie Klimarisiken dar.

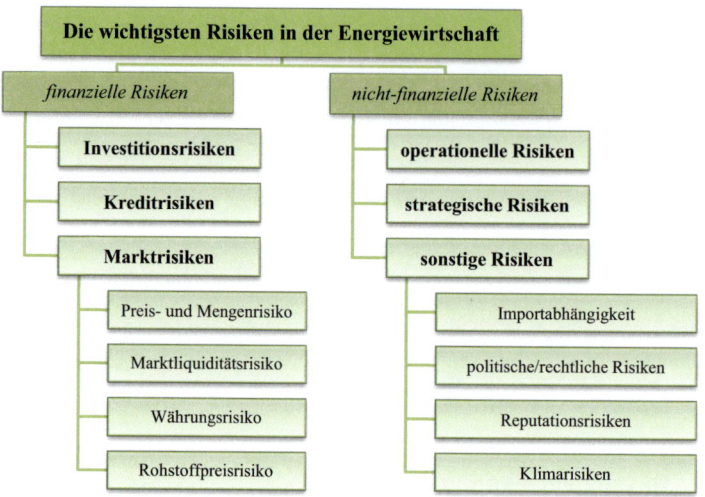

Abbildung 17: *Die wichtigsten Risiken in der Energiewirtschaft*[36]

Das **Investitionsrisiko** beschreibt die Gefahr, dass eine getätigte Investition sich als wenig oder nicht rentabel herausstellt und damit nur geringe oder keine Renditen einbringt. Es gibt viele Ursachen für dieses Risiko. So können zukünftige Gestehungskosten für neue Kraftwerke, die Strompreisentwicklung, die Standortwahl, Technologieentwicklungen und Innovationen teils große Auswirkungen auf die Rentabilität einer Investition haben.[37] Desweiteren besteht die Gefahr, dass Investitionen in bestimmte Kraftwerke sich in der Zukunft nicht amortisieren werden (vgl. Erfkemper (2000), S. 571). Dies wird besonders im Zusammenhang mit der Energiewende deutlich.

Das **Kreditrisiko** wird meist mit dem *Kreditausfall-* oder dem *Bonitätsrisiko* in Verbindung gebracht, aber auch die Begriffe *Kontrahenten-* oder *Gegenparteirisiko* werden synonym gebraucht.[38] Es beschreibt die Gefahr, dass ein Geschäftspartner (Lieferant, Händler, Verbraucher) eine vertragliche Vereinbarung (finanzieller oder physischer Natur) nicht erfüllt, was zu einem Schaden im eigenen Unternehmen führt (vgl. Niggemann (2013), S. 114). Das Kreditrisiko setzt sich zusammen aus dem *Settlement Risiko* und dem *Replacement Risiko*. Das Settlement Risiko wird als die Möglichkeit beschrieben, dass ein Vertragspartner erhaltene Leistungen (z. B. gelieferten Strom) nicht bezahlen kann, wohingegen das Replacement Risiko die Möglichkeit darstellt, dass ein Vertragspartner sogar in der Zukunft nicht in der Lage sein wird, die Vertragsbedingungen

---

[36] Eigene Darstellung.
[37] Vgl. Balks/Breloh (2014), S. 30; Sangiorgio et al. (2008), S. 175.
[38] Vgl. Niggemann (2013), S. 114; Sangiorgio et al. (2008), S. 167.

zu erfüllen und daher ein Ersatzvertrag vereinbart werden muss (vgl. Burger et al. (2007), S. 265).

Zu den Kernaufgaben eines Energieversorgungsunternehmens (EVU) gehören der Ein- und der Verkauf von Energie, was teilweise schon zwei Jahre vor dem tatsächlichen Liefertermin über Terminprodukte geschieht (vgl. Müsgens/Steinhausen (2010), S. 109 f.). Die **Marktrisiken** gehen aus der Unvorhersehbarkeit der Marktentwicklungen hervor. Hierbei werden oft das Preis- und das Mengenrisiko als die bedeutendsten Risiken angesehen.[39] Unter dem **Preisrisiko** versteht man das Risiko, das entsteht, wenn ein Exposure aus einer sogenannten „offenen Position" vorliegt. Eine offene Position liegt vor, wenn ein Produkt verkauft, aber noch nicht eingekauft oder wenn es eingekauft, aber noch nicht verkauft wurde, d. h. der Spread zwischen dem Einkaufs- und dem Verkaufspreis ist noch ungewiss und stellt somit ein Marktpreisrisiko dar (vgl. Niggemann (2013), S. 107). So kann es zum Beispiel dazu kommen, dass der Stromerzeuger seinen Strom nur zu einem geringeren Preis absetzen kann als er anfänglich geplant hat und dass er dadurch seine Produktionskosten nicht decken kann. Das **Mengenrisiko** (auch Volumenrisiko) beschreibt das Risiko, dass die nachfrage- oder angebotsseitige Produktmenge stark von den erwarteten Mengen abweicht (vgl. Niggemann (2013), S. 112) und der Stromanbieter dadurch gezwungen ist, fehlende bzw. überschüssige Energiemengen zu vermarkten, was aufgrund von Marktpreisschwankungen zu Verlusten führen kann (vgl. Techert et al. (2009), S. 330). Sowohl für das Preis- als auch für das Mengenrisiko gibt es viele Quellen. So hat die Preisvolatilität einen hohen Einfluss auf das Preisrisiko und wird als ein Maß für die Höhe der prozentualen Veränderung des Preises über die Zeit definiert (vgl. Sadeghi/Shavvalpour (2006), S. 3368). Außerdem hängt der Strompreis von den Primärenergieträgerpreisen, den CO_2-Zertifikatspreisen, Kraftwerksstörungen, dem Wetter, gesetzlichen Gegebenheiten, dem technischen Wandel und dem Verbraucherverhalten ab (vgl. Borgmann (2004), S. 114). Das Mengenrisiko resultiert aus der Nichtspeicherbarkeit des Stroms und der hohen Volatilität der Stromnachfrage sowie des Stromangebots.[40] Durch die Liberalisierung des Strommarktes entstand ein hoher Konkurrenzkampf zwischen den Stromanbietern, was dazu führt, dass Kunden kurzfristig ihren Stromanbieter wechseln können und dadurch dem Anbieter ein Überangebot an Strom entsteht. Diesen Strom muss er dann meist billig verkaufen, da er ihn nicht speichern kann. Ähnlich verhält es sich, wenn ein Stromanbieter zu wenig Strom eingekauft hat, dann muss er teuren Strom einkaufen, um die Nachfrage zu

---

[39] Vgl. Burger/Pedell (2011), S.196; Burger et al. (2007), S. 243.
[40] Vgl. Sioshansi (2002), S. 456; Meißner/Scholand (2000), S. 559.

befriedigen (vgl. Konstantin (2013), S. 66). Nicht nur durch den Kundenwechsel kann es zu Nachfrageschwankungen kommen, auch Faktoren wie das Wetter, die Jahres- und Tageszeit (wenn z. B. die Wärme- oder Kältenachfrage steigt) beeinflussen die Nachfragemenge. Angebotsseitige Volatilitäten der Strommenge haben ihren Ursprung häufig in ungünstigen Wetterverhältnissen, wenn beispielsweise wenig Wind weht, wenig Sonne scheint oder die Niederschläge zu gering sind (vgl. Bergschneider et al. (1999), S. 77). Für das Mengen- und Preisrisiko kann man zusammenfassend sagen, dass der Anstieg an Wettbewerb und die Deregulierung zu einem unvorhersehbaren, volatilen und risikohaften Handelsumfeld geführt haben (vgl. Sadeghi/Shavvalpour (2006), S. 3368), in dem weder der Strompreis, noch die vom Kunden nachgefragte oder die vom Produzenten angebotene Strommenge exakt prognostiziert werden können.

Das **Marktliquiditätsrisiko** stellt das Risiko dar, dass man eingegangene Positionen nicht oder nur noch zu äußerst ungünstigen Bedingungen (z. B. zu einem sehr niedrigen Verkaufspreis) schließen kann, da es an Handelspartnern mangelt (vgl. Borgmann (2004), S. 95). An der EEX ist dieses Problem kaum vorhanden, da meist genügend Handelspartner zur Verfügung stehen, aber an OTC-Märkten kann dies durchaus ein großes Risiko darstellen (vgl. Bergschneider et al. (1999), S. 206).

Das **Währungsrisiko** stellt eine Art des Marktrisikos dar und resultiert aus dem internationalen Energiehandel. Es beschreibt die mögliche „negative Abweichung einer finanziellen Unternehmenszielgröße aufgrund unsicherer zukünftiger Entwicklungen der Wechselkurse" (Schneck (2010), S. 64).

Das **Rohstoffpreisrisiko** beschreibt die Unsicherheit bezüglich der Preisentwicklung von Rohstoffen wie beispielsweise Rohöl oder Gas. Der Ölpreis ist in den letzten Jahren stark gestiegen und durch seine Preisleitfunktion für die anderen Energieträger (siehe Kapitel 2.1.1.) stellt er eine Gefahr auf der Kostenseite vieler Unternehmen dar.

Operationelle Risiken entstehen „durch unternehmensinterne Fehler im Betriebsaufbau und -ablauf" (Niggemann (2013), S. 113), die zu einem Verlust führen. Dies kann vor allem in den Bereichen Technik, Personal und Organisation passieren, wenn die Technik versagt und Kraftwerksanlagen oder Übertragungsnetze ausfallen, wenn Fehlentscheidungen getroffen werden und es zu menschlichem Versagen oder Betrug kommt, oder wenn organisatorische Schwächen und Prozessfehler vorliegen und das Management versagt.[41] Der Unfall von Tschernobyl, der sich im Jahre 1986 in der Ukraine

---

[41] Vgl. Meißner/Scholand (2000), S. 560; Papp/Szoboszlai (2008), S. 115; Niggemann (2013), S. 113; Bergschneider et al. (1999), S. 232.

ereignet hat, ist sowohl auf technisches als auch auf menschliches Versagen zurückzuführen. Solche „Desasterfälle" (Fachhochschule des Bfi (2006), S. 122) sind äußerst seltene Risiken, verursachen jedoch im Falle des Eintritts nicht nur für das Unternehmen selbst (z. B. Schäden und externe Kosten) sondern auch für die Umwelt (z. B. Land- und Wasserkontaminierung) und die umliegende Bevölkerung (z. B. gesundheitliche Schäden) erhebliche Schäden (vgl. Burgherr/Hischberg (2014), S. 46).

Das **strategische Risiko** entsteht aus eventuellen Fehlentscheidungen bezüglich der Unternehmensstrategie und steht in keiner direkten Verbindung zur Geschäftstätigkeit (vgl. Niggemann (2013), S. 116 f.). Die Gefahr besteht darin, dass die gewählte Strategie dem Unternehmen keinen Erfolg einbringt.

Das Risiko, das mit der **Importabhängigkeit** zusammenhängt, ergibt sich aus den unsicheren politischen, wirtschaftlichen und sozialen Verhältnissen des Staates, aus dem man einen bestimmten Energieträger bezieht. Aus politischer Sicht können beispielsweise Kriege oder Revolutionen zu Lieferstopps führen, wohingegen aus wirtschaftlicher Sicht Streiks und alternative Abnahmeländer Risikofaktoren darstellen. So wird die hohe Energieabhängigkeit von Russland mittelfristig als ein Risiko angesehen, das „im Falle einer Fortsetzung der konfrontativen Außenpolitik Russlands gegenüber dem Westen" sowie dem Gelingen Russlands, andere Kunden wie zum Beispiel China zu gewinnen, wächst (Basedau/Schultze (2014), S. 1).

Das **politische** und das **rechtliche Risiko** hängen eng miteinander zusammen. Unter dem politischen Risiko versteht man die Gefahr politischer Unbeständigkeit wie zum Beispiel neue politische Entscheidungen oder ein Wechsel der Regierung. Beide können Nachteile für bestimmte Unternehmen mit sich bringen. Das rechtliche Risiko resultiert aus Gesetzesänderungen und könnte im Bereich der Energiewirtschaft zum Beispiel die Minderung der EEG-Vergütungsdauer und -höhe oder die Senkung der geförderten Energiemenge sein.[42]

Mit **Reputationsrisiken** sind Risiken gemeint, die das Ansehen eines Unternehmens bei den Kunden aber auch bei den Kapitalgebern betreffen (vgl. Sangiorgio et al. (2008), S. 4). Kundenzufriedenheit, Vertrauen und Umweltschutz beeinflussen die öffentliche Wahrnehmung eines Unternehmens in positiver Weise. Bezogen auf die Energiewirtschaft stellen das Verlegen von neuen Netzen, der Bau großer Pumpspeicherwerke oder

---

[42] Alle vorausgegangenen Beschreibungen zum politischen und rechtlichen Risiko angelehnt an: Kiesel (2012), S. 14, 23.

neuer Kraftwerksanlagen Gefahren für eine positive Reputation dar und führen zu großen Widerständen der betroffenen Bevölkerung (vgl. Renn/Dreyer (2013), S. 31).

Das **Klimarisiko** (oder auch Naturrisiko) bezieht sich auf mögliche klimatische Veränderungen und deren Einfluss auf das Betriebsergebnis. Schon geringe Abweichungen von der Norm (d. h. leichte Klimaveränderungen) können zu finanziellen Verlusten führen (vgl. PwC (2009), S. 5). Wenn etwa die Sonne kaum scheint, nicht genug Wind weht oder der Fluss zu wenig Wasser führt, wird die Stromproduktion vor allem in EE-Anlagen stark beeinflusst. Bei signifikanten Abweichungen von der Norm (d. h. Extremwetterereignisse, Naturkatastrophen) können die Effekte katastrophal sein (vgl. Dosi/Moretto (2003), S. 18). Wenn es zum Beispiel zu Stürmen, Starkregen, Hitzewellen, starkem Frost oder Überflutungen kommt, kann dies erhebliche Schäden an den Kraftwerksanlagen und Leitungsnetzen hervorrufen und die Versorgungssicherheit stark beeinträchtigen (vgl. Mahammadzadeh (2011), S. 103). Zudem kann extreme Hitze zu Kühlwassermangel in Kraftwerken führen, was die Kraftwerksleistung senkt und bei gleichzeitigem Anstieg der Stromnachfrage durch Klimaanlagen problematisch anzusehen ist (vgl. Weis (2007), S. 117). Windkraftanlagen müssen bei zu starken Stürmen sogar abgeschaltet werden. Hagel kann die Biomasseproduktion beeinträchtigen. Wasserkraftanlagen können bei niedrigen Pegeln nicht ihre volle Leistung abrufen. Die Erhöhung der Temperaturen und das vermehrte Auftreten von schwer prognostizierbaren Extremwetterereignissen ist vor allem auf den Klimawandel zurückzuführen.

Die einzelnen Risikoarten sind nicht unabhängig voneinander. Sie sind eng miteinander verknüpft und können sich gegenseitig beeinflussen. So können zum Beispiel Stürme oder Naturkatastrophen dazu führen, dass eine niedrigere Menge an Strom als anfänglich geplant verfügbar ist und dies kann zu Mengen-, Preis- und Marktliquiditätsrisiken führen. Unruhen in einem Ölförderland lassen den Ölpreis und letztendlich auch den Strompreis steigen. Auch politische Entscheidungen und neue Gesetze können den Strompreis – wenn auch indirekt – in Höhe treiben.

Nachdem die für die Energiewirtschaft bedeutenden Risiken identifiziert wurden, soll geklärt werden, inwieweit diese im Einzelnen die jeweiligen Wertschöpfungsstufen negativ beeinflussen und wie hoch ihre Bedeutung für die jeweiligen Beteiligten ist, denn es macht einen Unterschied, ob ein bestimmtes Risiko aus der Sicht eines Netzbetreibers, eines Versorgungsunternehmens, eines Händlers oder eines Verbrauchers betrachtet wird.[43] Energieversorgungsunternehmen und Stromproduzenten können von allen

---

[43] Vgl. Borgmann (2004), S. 92; Renn/Dreyer (2013), S. 32.

oben genannten Risiken – so wie sie beschrieben wurden – direkt betroffen sein. Reine Vertriebs- oder Handelsunternehmen sind direkt nur von den Kredit- und Marktrisiken betroffen. Die anderen Risikoarten haben für sie nur eine indirekte Bedeutung und zwar dann, wenn sie auch Auswirkungen auf den Energiehandel oder den Strompreis haben.

Für Verbraucher ist das bedeutendste Risiko das Strompreisrisiko, vor allem wenn ein Vertrag mit flexiblen Preisen vereinbart wurde. Besonders hoch ist dieses Risiko für Industrieunternehmen mit einem hohen Energiebedarf/-verbrauch, da durch die Strompreisvolatilität hohe Produktionskosten anfallen können. Auch hier haben die anderen Risikotypen eher einen indirekten Einfluss, wenn beispielsweise die Kosten teurer Investitionen in neue Kraftwerksanlagen oder neue Netze den Strompreis erhöhen. Den gleichen Effekt haben Währungs-, Rohstoffpreisrisiken, die Importabhängigkeit und politisch-rechtliche Risiken. Operationelle Risiken (z. B. das Ausfallen von Kraftwerksanlagen) und Klimarisiken betreffen die Kunden in gewisser Weise direkt. Zum einen können Industrieunternehmen selbst von operationellen sowie von Klimarisiken betroffen sein, wenn etwa ihre Produktionsanlagen ausfallen oder zerstört werden. Zum anderen können Stürme, die zu Schäden an den Übertragungsnetzen führen, oder das Versagen von Stromproduktionsanlagen zu Stromausfällen führen, was die Produktion großer Industriekunden negativ beeinflusst. Für kleinere Kunden wie Haushalte sind Stromausfälle von wenigen Minuten kaum kritisch anzusehen.

Netzbetreiber sind ähnlich wie Energieversorgungsunternehmen Investitions- und Marktrisiken ausgesetzt, da sie beispielsweise in neue und moderne Netze investieren und am Energiehandel beteiligt sind. Inwieweit Netzbetreiber vom Preis- und Mengenrisiko betroffen sind, wurde durch Techert et al. (2009, S. 330 ff.) herausgearbeitet. Kreditrisiken können für Netzbetreiber durch Bilanzkreismissbrauch, den damit verbundenen Adressenausfall und dadurch entstehen, dass sie oft unbekannte Geschäftspartner aus dem Vertrieb haben (vgl. PwC (2013), S. 26). Die Hauptaufgabe der Netzbetreiber ist nach Kaspryk (2008, S. 594 f.) die „unterbrechungsfreie Versorgung", weshalb dem operationellen Risiko eine tragende Rolle zukommt. Kaspryk verbindet mit einer unterbrechungsfreien Versorgung die zwei Faktoren Zuverlässigkeit und Verfügbarkeit, wobei das Stromnetz als zuverlässig gilt, „wenn es innerhalb des Betrachtungszeitraums […] die Versorgung aller Kunden unter Einhaltung aller technischen Nebenbedingungen erfüllt" und eine hohe Verfügbarkeit vorhanden ist, wenn das Verhältnis der Betriebs- zur verfügbaren Zeit entsprechend hoch ist. Die Netzsicherheit und der Energietransport können dabei zum einen durch unternehmensinterne Fehler wie technische Störungen oder menschliches Versagen und zum anderen extern durch terroristische Anschläge oder Cyberterrorismus beeinträchtigt werden (vgl. Z_punkt GmbH (2013), S. 24, 52). Unabhängig davon, wodurch es zu Versorgungsunterbrechungen und Störungsereignissen kommt, reichen die Schäden für die Netzbetreiber von Schadenbeseitigungs- über Wiederversorgungs- bis hin zu erhöhten Kundenbetreuungskosten (vgl. Stender (2008), S. 162). Politisch-rechtliche Entscheidungen bergen Risiken für Netzbetreiber, wenn sich vor allem dadurch die Regelung bezüglich der Netzentgelte ändert. Reputationsrisiken entstehen im Bereich Transport meist dann, wenn es darum geht, dass neue Netze gebaut werden sollen. Verteilungs- und Übertragungsnetze sind witterungsanfällig, denn Schnee, Hitze und starke Stürme beeinflussen die Leitungsfähigkeit und können zudem Stromleitungen und -masten beschädigen (vgl. Bardt et al. (2013), S. 307 f., 311), weshalb die Netzbetreiber einem hohen Klimarisiko ausgesetzt sind.

3.1.2. Risiken der Energiewende und ihre Auswirkungen

In diesem Abschnitt wird insbesondere auf die Risiken und Probleme der Energiewende eingegangen und deren Einfluss auf die bisher identifizierten Risiken und deren Bedeutung für die jeweiligen Beteiligten herausgearbeitet.

Eines der größten Probleme, das mit der Energiewende zusammenhängt, ist das Investitions- bzw. Kostenrisiko. Für das Erreichen der oben schon angesprochenen Ziele der Energiewende sind Investitionen in vielen Bereichen notwendig: zuallererst muss in Anlagen zur erneuerbaren Energieerzeugung, dann in die Infrastruktur (Stromnetze und Energiespeicher) sowie in eine höhere Energieeffizienz (z. B. energetische Gebäudesanierung) investiert werden; bis 2020 rechnet man mit Kosten von 31 bis 38 Milliarden Euro pro Jahr (vgl. Blazejczak et al. (2013), S. 19, 24). Weitere Kosten entstehen durch das vermehrte Abrufen von Regelenergie und das erhöhte Vorhalten von „Back-Up-Kapazitäten" (Hessler/Loebert (2013), S. 3-7). All diese Kosten sind mit großen Unsicherheiten verbunden, schwer quantifizierbar und abhängig von: den Entwicklungen der Kosten einzelner neuer Technologien, der Entwicklung der politischen Rahmenbedingungen, der Entwicklung der Energienachfrage, der Akzeptanz durch die Bevölkerung (vgl. Tönskötter (2012), S. 15). Zudem ist ungewiss, ob die erneuerbaren Energien ihre Vollkosten langfristig ohne politische Unterstützung decken können und sich Investitionen in erneuerbare Energien selbst amortisieren werden. Laut Kopp et al. (2012, S. 248, 252) ist es unwahrscheinlich, dass langfristig die Finanzierung von EE-Anlagen allein über den Verkauf von Strom vollzogen werden kann. Durch die Unsicherheit all dieser Kosten entsteht ein Investitionsrisiko, denn die Höhe der notwendigen Investitionen und der Zeithorizont dieser Investitionen sind enorm und bergen somit hohe Risiken (vgl. Rave (2013), S. 26). Für den Bau einer neuen Anlage zur Nutzung erneuerbarer Energien muss ein Investor entscheiden, welche allgemeine Erzeugungstechnologie, sowie welchen Anlagentyp innerhalb dieser Technologie er verwenden möchte und an welchem Standort die Anlage gebaut werden soll (vgl. Pahle et al. (2014), S. 14). Dabei ist von hoher Wichtigkeit, dass er zukünftige Entwicklungen so weit wie möglich in seine Entscheidungen einfließen lässt. Jeder potenzielle Investor muss daher vor dem Tätigen der Investition in erneuerbare Energien die möglichen Risiken erkennen und die damit verbundenen Kosten im Verhältnis zu den erwarteten Renditen setzen. Insgesamt kann zusammengefasst werden, dass die Energiewende das Investitionsrisiko für Unternehmen, die im Energiebereich tätig sind, wesentlich erhöht.

Nicht nur Energieunternehmen sind dem Kostenrisiko ausgesetzt, denn es wird zum Teil über die EEG-Umlage und die Netznutzungsentgelte auf die Energiekunden umgewälzt und muss von den Verbrauchern getragen werden. Man geht davon aus, dass „durch die Verteilung des Risikos auf eine sehr große Zahl von Steuerzahlern [...] der anteilige Betrag relativ gering aus[fällt]" (Pahle et al. (2014), S. 6), was oft kritisiert wird und sehr umstritten ist. Dadurch, dass die Kosten für die Modernisierung und Erweiterung der Stromnetze und die Kosten für den Ausbau von EE-Anlagen in den nächsten Jahren steigen werden, ist auch mit höheren Netznutzungsentgelten und einer steigenden EEG-Umlage zu rechnen. Dies kann für internationale Unternehmen mit einem hohen Stromverbrauch trotz Ausgleichsregelung ein großes Risiko darstellen, wodurch sie sich gezwungen sehen, ihre Investitionen am Standort Deutschland einzustellen, ihre Produktion einzugrenzen oder sogar Betriebsstätten ins Ausland zu verlagern.[44] Es fällt auf, dass die Energiewende das Kostenrisiko für die Verbraucher stark erhöht.

Marktseitig bedeutet die Energiewende zum einen das „'Aus' für den Emissionshandel" (Pehle (2013), S. 363), denn eine Erhöhung des Anteils an EE-Strom lässt die CO_2-Zertifikatspreise drastisch sinken, was wiederum dazu führt, dass andere Marktteilnehmer, anstatt ihre CO_2-Sparmaßnahmen auszuweiten, eher günstige CO_2-Zertifikate erwerben. Zum anderen bedeutet die Energiewende für den Handel, dass es zu negativen Strompreisen an der Börse kommen kann. Wenn viel Ökostrom produziert und angeboten wird, sinkt im Rahmen der Merit-Order der Börsenpreis für Strom. Je niedriger dieser ist, desto größer ist die Differenz zwischen ihm und der garantierten EEG-Vergütung, wodurch die EEG-Umlage und der Strompreis für den Verbraucher steigt.

---

[44] Vgl. IHK Nord Westfalen (2011), S. 14; Kempermann/Bähr (2013), S. 9, 113; Wimbauer et al. (2012), S. 17; Bolay (2014), S. 1.

Wenn es nicht möglich ist, konventionelle Grundlastkraftwerke bei hoher EE-Einspeisung abzuschalten, da dies äußerst hohe Kosten verursachen würde, lohnt es sich für den Betreiber eines konventionellen Kraftwerks für die Abgabe seines Stroms sogar etwas zu bezahlen, was zu einem negativen Strompreis führt (vgl. Frondel (2012), S. 15). Auch der Ökostrom muss zu diesem negativen Preis verkauft werden, was die Differenz zwischen dem Börsenpreis und der EEG-Vergütung wiederum steigen lässt und über die EEG-Umlage zu höheren Kosten für den Verbraucher führt. Zusammenfassend lässt sich sagen, dass die Energiewende den Börsenpreis für Strom stark sinken lässt und es dazu kommen kann, dass konventionelle Kraftwerke kaum noch wirtschaftlich betrieben werden können.

Im Zusammenhang mit operationellen und Klimarisiken ist die starke Volatilität der erneuerbaren Energien und die damit verbundene Gefährdung der Versorgungssicherheit zu erwähnen. Nach Jarass und Obermair (2012, S. 51) zeigt beispielsweise die Windenergie Schwankungen bis 20% von Jahr zu Jahr, bis 30% (im Extremfall 100%) von Monat zu Monat und bis 80% von Tag zu Tag auf. In Zeiten eines niedrigen EE-Stromangebots muss daher nach alternativen Energiequellen und Speichermöglichkeiten gesucht werden. Zwangsläufig muss hier die Frage nach der Aufrechterhaltung der Netz- und Systemstabilität gestellt werden (vgl. Kemfert et al. (2013), S. 6). Sind die Netzbetreiber nicht in der Lage, aufgrund dieser Volatilitäten die Netzstabilität zu halten und Angebot und Nachfrage auszugleichen, kann es zu Spannungseinbrüchen und Versorgungsunterbrechungen kommen. Laut Bolay (2014, S. 1) meldet bereits jedes fünfte Unternehmen Stromausfälle (meist unter 3 Minuten), die teils enorme Folgen haben können, wenn ihre Produktionsanlagen ausfallen und somit Kosten entstehen (Anlagenschäden, entgangene Gewinne, Lieferausfallkosten, etc.). Wird einigen Unternehmen die Stromversorgung nicht nur zu teuer sondern auch zu unsicher, sehen sie sich gezwungen ihre Produktion ins Ausland zu verlagern. Roth (2013, S. 24) nennt drei Indikatoren dafür, dass die Gefahr von sogenannten „Blackouts" mit dem Ausbau der erneuerbaren Energien jetzt schon erkennbar ist und in der Zukunft noch weiter steigen wird: die steigende Anzahl an Regelungseingriffen, die immer öfter unterschrittene Soll-Reserve, die erhöhte Zahl an Kurzzeitausfällen unter drei Minuten. Insgesamt kann man sagen, dass durch die Energiewende die Versorgungssicherheit stark beeinträchtigt werden kann und die Folgen von operationellen sowie Klimarisiken verstärkt werden.

Was die Importabhängigkeit anbelangt, kann man zusammenfassen, dass durch die Energiewende bedingte Engpässe im Stromangebot dazu führen können, dass Deutschland von Energieimporten aus dem Ausland abhängig sein wird, vor allem wenn es in Zeiten weniger Sonne und geringen Windes keine Alternativkraftwerke oder Speichermöglichkeiten geben wird. Die Gefahr, dass Deutschland von Importen abhängig wird, wird durch die Energiewende teilweise verstärkt.

Auf politisch-rechtlicher Ebene birgt die Energiewende viele Risiken, denn immer wieder entstehen neue/erweiterte Gesetze im Rahmen des EEG. Die Förderbedingungen erneuerbarer Energien sowie die politischen Rahmenbedingungen für Stromspeicher sind in der Zukunft unsicher (vgl. Z_punkt GmbH (2013), S. 32, 56). Diese unklaren politischen Rahmenbedingungen führen zu einer fehlenden Planbarkeit, sowohl für Energieunternehmen als auch für Industrieunternehmen und Privathaushalte. Man kann sagen, die Energiewende verstärkt das politisch-rechtliche Risiko für alle Beteiligten.

Das Reputationsrisiko wird durch die Energiewende für Unternehmen, die in der Energiebranche tätig sind, erhöht, denn dadurch, dass die Energiewende die Versorgungssicherheit durch den zu schnellen Ausbau der erneuerbaren Energien verschlechtert und zudem eine hohe Kostenbelastung für die Verbraucher darstellt, wird sie immer weniger akzeptiert (vgl. Frondel (2012), S. 15). Anlagen- und Leitungsneubauten treffen auf immer mehr Widerstände in der Bevölkerung, da dadurch Gesundheitsgefahren und Umweltschäden erwartet werden (vgl. Buhl/Weinhold (2012), S. 173 f.). Das Image der Energiewende leidet zunehmend und daher haben Energieunternehmen im Zusammenhang mit der Energiewende mit immer mehr Reputationsrisiken zu kämpfen. Alle obigen Ausführungen werden in folgender Tabelle zusammengefasst.

Beteiligte Risikoarten	Energieunternehmen (Anlagenbetreiber, Energiehändler, Netzbetreiber)	Verbraucher/Kunden (Privathaushalte, Industrieunternehmen)
finanzielle Risiken	• Investitions- bzw. Kostenrisiken ↑ • Marktrisiken ↑	• Kostenrisiken ↑ ⇒ **Strompreisrisiko** • Marktrisiken ↑ ⇒ **Strompreisrisiko**
nicht-finanzielle Risiken	• operationelle Risiken ↑ • Importabhängigkeit ↑ • politisch-rechtliche Risiken ↑ • Reputationsrisiken ↑ • Klimarisiken ↑	• operationelle Risiken ↑ ⇒ **Versorgungsrisiko** • politisch-rechtliche Risiken ↑ ⇒ **Strompreisrisiko** • Klimarisiken ↑ ⇒ **Versorgungsrisiko**

Tabelle 4: *Die Auswirkungen der Energiewende auf die bisher ermittelten Risiken*[45]

---

[45] Eigene Darstellung.

Tabelle 4 beschreibt, inwiefern sich die Energiewende auf die generellen Risiken in der Energiewirtschaft und die Beteiligten auswirkt. Die Energiewende erhöht sowohl finanzielle als auch nicht-finanzielle Risiken. Für Energieunternehmen wie Versorger oder Netzbetreiber werden im Bereich der finanziellen Risiken die Investitions- und Marktrisiken erhöht und im Bereich der nicht-finanziellen Risiken so gut wie alle Risiken verstärkt. Für die Verbraucher entsteht durch die bei den Energieunternehmen verstärkten Risiken ein erhöhtes Strompreis- und ein Versorgungsrisiko.

Man kann zusammenfassend sagen, dass die größten Risiken der Energiewende in den hohen Kosten und in der unsicheren Energieversorgung zu sehen sind.

3.2.   Risikobewertung

In diesem Kapitel wird das Hauptaugenmerk auf der Risikobewertung liegen. Dabei wird es primär nicht darum gehen, die in Kapitel 3.1. identifizierten Risiken konkret zu bewerten, sondern vielmehr Methoden vorzustellen, die insbesondere in der Energiewirtschaft bei der Bewertung von Risiken zum Einsatz kommen.

Bevor die Risiken in einem Unternehmen bewertet werden, wird die Risikobereitschaft des Unternehmens festgelegt. Wie viel Risiko ist das Unternehmen bereit maximal einzugehen? Wie hoch ist sein Risikokapital? Dies sind Fragen, die dabei zu stellen sind. Dabei ist auch von Bedeutung, für die einzelnen Geschäftsbereiche (Produktion, Transport, Handel) einzelne Risikostrategien zu definieren (vgl. Nabe/Borchert (1999), S. 5). Bei der *EnBW AG* findet dazu das sogenannte dezentrale Risikomanagement Verwendung, bei dem Risiken dort identifiziert und bewertet werden, wo sie auftreten (vgl. Enders et al. (2008), S. 151). Meist konzentriert sich ein Unternehmen auf eine bestimmte Anzahl von Risiken, den sogenannten *Key Risks*. Bei der *MOL Group* beträgt die Anzahl der Risiken 75 (vgl. Papp/Szoboszlai (2008), S. 121), bei dem *Axpo*-Konzern 90 (inklusive Chancen; vgl. Sangiorgio et al. (2008), S. 173) und bei der *EnBW AG* 20-30, was die Übersichtlichkeit und Transparenz wesentlich erhöht (vgl. Enders et al. (2008), S. 152). Die Aufgabe der Risikobewertung besteht dann darin, die identifizierten Risiken zu kategorisieren (z. B. existenzbedrohend, bedeutsam, vernachlässigbar) und sie somit nach deren Wichtigkeit zu ordnen.

Risiken werden entweder in einem Top-Down- oder in einem Bottom-Up-Verfahren gemessen: top-down werden bereits identifizierte Risiken hinsichtlich ihrer Bedeutung für die Erträge und Aufwendungen gemessen und bottom-up werden aus bereits identifizierten Risikoursachen mögliche Folgen für das Unternehmen herausgearbeitet und gemessen (vgl. Madlener et al. (2009), S. 137). Die Basis für die Risikobewertung ist zum einen der Katalog aus identifizierten Risiken und zum anderen das Stromhandelsportfolio. Letzteres enthält die Gesamtheit aller Stromabsatz- und Strombezugsverträge. Dazu gehören u. a. alle Terminkontrakte eines EVUs, Erzeugungskapazitäten, Speicher, Börsenprodukte, Lieferverpflichtungen.[46] Wie in Kapitel 2.2.2. angesprochen unterscheidet man zwischen quantitativen und qualitativen Risikomaßen. Bei den qualitativen Maßen können Eintrittswahrscheinlichkeit und Schadenshöhe nicht mit konkreten Zahlen angegeben werden. Man verwendet daher Methoden wie die Klassifizierung von Risiken oder die Szenarioanalyse. Bardt et al. (2013) haben beispielsweise einen Klimarisiko-Indikator entwickelt, um die Auswirkungen von Klimaänderungen auf die einzelnen Energieträger vor und nach der Energiewende zu analysieren. Sie verwendeten dabei eine Skala von -5 für große Risiken bis +5 für große Potenziale. Ihr Ergebnis bestand darin, dass das Klima insgesamt einen negativen Einfluss auf die Energieversorgung hat, das Gesamtrisiko jedoch als gering anzusehen ist. In der Szenarioanalyse werden verschiedene Zustände/Szenarien simuliert, denen ein Unternehmen ausgesetzt sein kann (vgl. Madlener et al. (2009), S. 138). Bei den quantitativen Maßen hingegen können Eintrittswahrscheinlichkeit und Schadenshöhe mit konkreten Zahlen angegeben werden. Hier finden Methoden wie die Sensitivitätsanalyse und die Value-at-Risk-Methode Verwendung. Letztere wird im nächsten Kapitel genauer betrachtet. Die Sensitivitätsanalyse erlaubt es, die Empfindlichkeit des Portfolios (genauer: des Portfoliowertes) oder anderer wichtiger ökonomischer Größen gegenüber einzelnen Risikofaktoren wie zum Beispiel dem Spotpreis zu analysieren.[47]

Es ist zudem bedeutend, dass die Risiken nicht nur im Einzelnen sondern auch als Zusammenschluss betrachtet werden. Man spricht hierbei von Risikoaggregation, „die Ermittlung einer Kennzahl für die gemeinsame Wirkung mehrerer Risiken" (Durchholz (2008), S. 136). Durch die Aggregation der Einzelrisiken lässt sich sozusagen das Gesamtrisiko eines Unternehmens ermitteln. Die bekannteste Methode zur Risikoaggregation ist der Value-at-Risk-Ansatz, der das Thema des nächsten Abschnitts darstellt.

3.2.1. Value-at-Risk und ähnliche Methoden in der Energiewirtschaft

Der *Value-at-Risk* (VaR) dient dazu, die mögliche Änderung des Portfoliowertes, die durch Änderungen der Risikofaktoren entsteht, zu berechnen und somit „die Gesamtrisikoposition eines Unternehmens mit nur einer einzigen Zahl [auszudrücken]" (Madle-

---

[46] Vgl. Nabe/Borchert (1999), S. 6; Borgmann (2004), S. 107; Meißner/Scholand (2000), S. 561.
[47] Vgl. Nabe/Borchert (1999), S. 6; Madlener et al. (2009), S. 138.

ner et al. (2009), S. 138). Er ist ein Risikomaß, das vor allem in der Finanzwirtschaft Verwendung findet, jedoch mittlerweile von vielen Unternehmen in der Energiewirtschaft übernommen wurde, um Risiken zu quantifizieren.[48] Die Höhe des VaR ist maßgeblich für das gewählte Risikokapital. Definiert wird der Value-at-Risk als der mögliche Wertverlust eines Portfolios, der mit einer bestimmten Wahrscheinlichkeit (Konfidenzniveau) innerhalb eines bestimmten Zeitraums nicht überschritten wird.[49] Analytisch gesehen ist der VaR das α-Quantil der Verteilung der Portfoliowertänderung, wenn ein Konfidenzniveau von $1 - \alpha$ zugrunde gelegt wird (vgl. Techert et al. (2009), S. 333). Der gewählte Zeitraum liegt meist zwischen einem Tag und einem Monat und für das Konfidenzniveau verwendet man meistens 95% oder 99% (vgl. Tondock (2010), S. 389). Obwohl der Value-at-Risk ein leicht kommunizierbares und einfach zu verstehendes Instrument ist, werden sehr hohe Anforderungen an die Datengrundlage gelegt, wie im Folgenden durch die Vorgehensweise zur Bestimmung des VaR deutlich wird.

Das Vorgehen zur Ermittlung des Value-at-Risk kann wie folgt beschrieben werden:

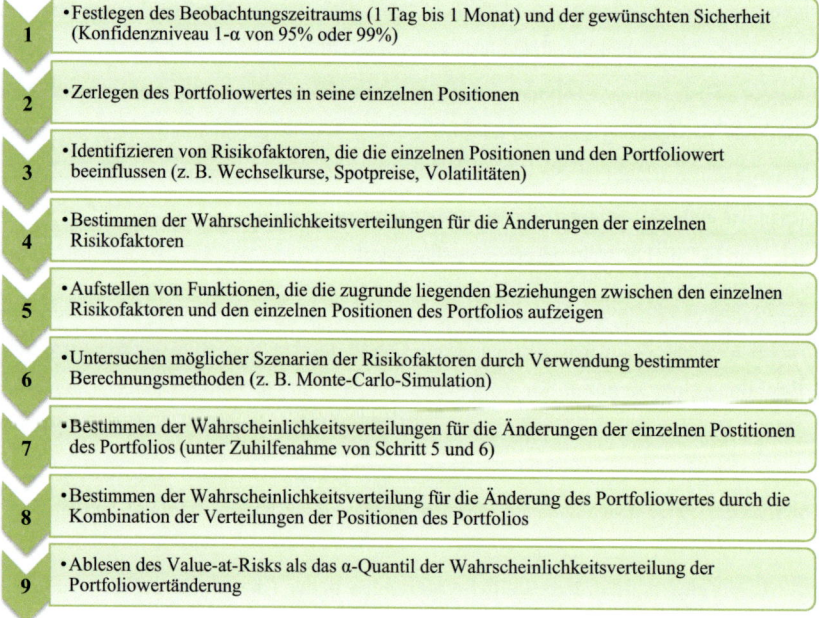

1 • Festlegen des Beobachtungszeitraums (1 Tag bis 1 Monat) und der gewünschten Sicherheit (Konfidenzniveau 1-α von 95% oder 99%)

2 • Zerlegen des Portfoliowertes in seine einzelnen Positionen

3 • Identifizieren von Risikofaktoren, die die einzelnen Positionen und den Portfoliowert beeinflussen (z. B. Wechselkurse, Spotpreise, Volatilitäten)

4 • Bestimmen der Wahrscheinlichkeitsverteilungen für die Änderungen der einzelnen Risikofaktoren

5 • Aufstellen von Funktionen, die die zugrunde liegenden Beziehungen zwischen den einzelnen Risikofaktoren und den einzelnen Positionen des Portfolios aufzeigen

6 • Untersuchen möglicher Szenarien der Risikofaktoren durch Verwendung bestimmter Berechnungsmethoden (z. B. Monte-Carlo-Simulation)

7 • Bestimmen der Wahrscheinlichkeitsverteilungen für die Änderungen der einzelnen Positionen des Portfolios (unter Zuhilfenahme von Schritt 5 und 6)

8 • Bestimmen der Wahrscheinlichkeitsverteilung für die Änderung des Portfoliowertes durch die Kombination der Verteilungen der Positionen des Portfolios

9 • Ablesen des Value-at-Risks als das α-Quantil der Wahrscheinlichkeitsverteilung der Portfoliowertänderung

Abbildung 18: *Vorgehensweise zur Bestimmung des Value-at-Risks*[50]

---

[48] Vgl. Niggemann (2013), S. 149; Burger et al. (2007), S. 250.
[49] Vgl. Müsgens/Steinhausen (2010), S. 114; Nabe/Borchert (1999), S. 6; Schneck (2010), S. 143.
[50] In Anlehnung an: Schneck (2010), S. 143 f.; Niggemann (2013), S. 151 f.; Bergschneider et al. (1999),

Für den 6. Schritt werden in der Literatur meist drei Verfahren vorgestellt, nämlich die *historische Simulation*, die *Varianz-Kovarianz-Methode* und die *Monte-Carlo-Simulation*. Die historische Simulation verwendet historische Daten für die Wertänderungen der Risikofaktoren, um die zukünftigen Wertänderungen zu schätzen. Bei der Varianz-Kovarianz-Methode werden die Wertänderungen der Risikofaktoren mit Hilfe der Normalverteilung über die Maße Varianz und Kovarianz gebildet. Die Monte-Carlo-Simulation erzeugt auf Basis der festgelegten Verteilungen der Wertänderungen der Risikofaktoren Zufallszahlen, um die zukünftigen Wertänderungen zu simulieren.[51] Beim Vergleich aller drei Methoden wird festgestellt, dass die historische Simulation leicht verständlich und einfach umsetzbar ist, da keine Verteilungsannahme notwendig ist, jedoch wird ein hoher Anspruch an die Datenbasis gestellt. Die Varianz-Kovarianz-Methode erfordert die Normalverteilung, womit ein sehr hoher Anspruch an die Datenbasis gestellt wird, jedoch wird der Rechenaufwand als relativ gering angesehen. An der Monte-Carlo-Simulation wird häufig kritisiert, dass sie mit einem sehr hohen Rechenaufwand verbunden ist, jedoch benötigt sie keine bestimmte Verteilung und ist vielseitig einsetzbar.[52]

Hauptaugenmerk dieser Studie soll die Monte-Carlo-Simulation sein, da sie laut Bergschneider et al. (1999, S. 220, 222) die höchste Präzision bietet, denn die Komplexität des Zusammenwirkens der Risikofaktoren wird durch eine sehr hohe Anzahl an Simulationen (bis zu 10.000) erfasst und möglichst viele Risikofaktoren werden berücksichtigt. So können beispielsweise Strompreiskurven, Kraftstoffpreise, Wetterdaten und Stromangebot und -nachfrage mit Monte-Carlo simuliert werden.[53] Die *MOL Group* verwendet diese Methode zum Bewerten von Risiken genauso wie die *Vattenfall Europe AG* (vgl. Papp/Szoboszlai (2008), S. 119; Durchholz (2008), S.136). Jedoch wird nicht immer der Portfoliowert als zentrale Untersuchungsgröße verwendet. In Abbildung 18 wurde vor allem das Vorgehen zur Bestimmung des VaR für ein Portfolio bestimmt, aber genauso gut ist es möglich, obiges Verfahren analog für den VaR der Größe Cash Flow anzuwenden. Dann spricht man von dem sogenannten *Cash-Flow-at-Risk* (CFaR). Definiert wird er als die „maximale negative Abweichung vom Erwartungswert des Cash Flows (relativer CFaR) oder von Null (absoluter CFaR) […], die mit einer bestimmten Wahrscheinlichkeit [über einen bestimmten Zeitraum] nicht überschritten

---

S. 212 f.
[51] Alle vorausgegangenen Beschreibungen der Berechnungsmethoden angelehnt an: Wiedemann (2002), S. 1421; Cremers (1999), S. 5.
[52] Alle vorausgegangenen Erläuterungen zu den Vor- und Nachteilen angelehnt an: Tondock (2010), S. 389; Diederichs (2012), S. 111.
[53] Vgl. Meißner/Scholand (2000), S. 561; Mosquera et al. (2008), S. 321.

wird" (Tondock (2010), S. 389). Der CFaR zeigt somit auf, ob das Unternehmen über genügend Cash-Reserven verfügt (vgl. Burger et al. (2007), S. 265). Da der VaR aufgrund seiner Konzentration auf Markt- und Preisrisiken vor allem in der Finanzwirtschaft Verwendung findet, ist er von Nicht-Finanzunternehmen nur bedingt einsetzbar. Um nicht nur Marktrisiken, sondern auch strategische und operative Risiken in die Bewertung mit einfließen zu lassen, wurde der CFaR-Ansatz entwickelt, denn der Cash Flow stellt eine „wesentliche Steuerungsgröße in Handels- und Industrieunternehmen" dar (Tondock (2010), S. 389). Der Vergleich des VaR und des CFaR zeigt auf, dass der VaR portfolioorientiert ist und somit den Marktwert des Portfolios als Zielgröße hat, wohingegen der CFaR cashfloworientiert ist und daher eine Stromgröße als Zielgröße hat; zudem konzentriert sich der VaR auf Zeiträume von einem Tag bis zu einem Monat, während der CFaR für Zeiträume von bis zu mehreren Jahren bestimmt wird.[54] Burger et al. (2007, S. 268) stellen noch eine weitere Modifikation des VaR vor, nämlich den *Credit VaR*, der als das α-Quantil des Verlusts (der als Folge eines Ausfalls entsteht) beschrieben werden kann, wenn ein Konfidenzniveau von 1 − α und eine bestimmte Haltedauer (Dauer des Vertrages) zugrunde gelegt werden.

3.2.2. Anwendungsbeispiele

Bei Balks und Breloh (2014) findet sich ein Beispiel für eine Sensitivitätsanalyse in der Energiewirtschaft. Sie haben Investitionsrisiken am Beispiel von Offshore-Wind-Anlagen sowie deren Bedeutung für Investitionsentscheidungen untersucht, indem sie für die Risiken jeweils Szenarien gebildet haben. Als Basis für ihr Modell haben sie auf veröffentlichte Studien und Informationen von Betreibern von Offshore-Wind-Anlagen sowie Experteninterviews zurückgegriffen. Ihr Ergebnis bestand darin, dass die identifizierten Risiken teils einen beträchtlichen Einfluss auf die Rendite der Investition haben.

Madlener et al. (2009) haben den CFaR mit Hilfe der Discounted Cash Flow Methode (DCF) für einen 400 MW Offshore-Windpark ermittelt. Die Zielgröße Discounted Cash Flow wurde dabei in ihre Free Cash Flow Komponenten zerlegt und innerhalb dieser wurden die Risikofaktoren identifiziert und ihr Einfluss bestimmt. Anschließend wurde mit Hilfe der Monte-Carlo-Simulation die Wahrscheinlichkeitsverteilung der Cash Flows ermittelt und durch die Diskontierung und Zusammenfassung der zukünftigen Cash Flows der Unternehmenswert bestimmt (DCF-Methode). Man hat hierbei insgesamt 100.000 Simulationen mit der Monte-Carlo-Methode erstellt. Bei einer Betrach-

---

[54] Vgl. Hager (2004), S. 89, 100; Diederichs (2012), S. 120 f.

tung der nächsten 24 Jahre betrug der CFaR als 5%-Quantil (Konfidenzniveau von 95%) 121,7 Mio € und somit wurde das Projekt dieses Offshore-Windparks als positiv bewertet.

Bei Kiesel (2012) wurde die Rentabilität einer Investition in eine Photovoltaik-Anlage insbesondere unter der Berücksichtigung politischer Risiken untersucht. Dabei wurden vor allem mögliche Gesetzesänderungen im Rahmen des EEG als Risikofaktoren aufgefasst. Diese beziehen sich auf die Vergütungshöhe, die Abnahmemenge und die Vergütungsdauer. Als zu untersuchende Zielgröße wählte man den Kapitalwert der Rendite und bestimmte unter Anwendung der Monte-Carlo-Simulation den VaR. Dieser wies bei einem Konfidenzniveau von 99% einen negativen Kapitalwert von 14.820 € auf, d. h. im Extremfall sind auch negative Kapitalwerte und sehr niedrige Renditen möglich. Zudem wurde untersucht, welche Auswirkungen eine Senkung der EEG-Vergütungshöhe um 30% auf die Rentabilität hat, und das Ergebnis besagt, dass bei solch einer Gesetzesänderung die Investition in eine Photovoltaik-Anlage nicht mehr rentabel sei.

Das letzte Beispiel liefern Techert et al. (2009) und es betrifft das Preis- und Mengenrisiko für Übertragungsnetzbetreiber. Als Risikofaktoren wählte man den Preisspread zwischen Kauf- und Verkaufsgeschäften sowie das Handelsvolumen. Die Zielgröße wurde durch das Handelsergebnis dargestellt. Mit Hilfe von 5.000 Simulationen aus der Monte-Carlo-Simulation wurde die Verteilung des Handelsergebnisses bestimmt und anschließend der Value-at-Risk ermittelt. Diese Untersuchung ergab, dass der VaR für das Handelsergebnis und somit der Verlust im Handelsergebnis bei einem Konfidenzniveau von 95% und einem Beobachtungszeitraum von einem Monat 250.736 € beträgt und dass durch die Zunahme installierter Leistung an Windenergie die Handelsrisiken für Netzbetreiber ansteigen werden.

3.3.   Risikosteuerung

In diesem Abschnitt werden konkrete Instrumente der Risikosteuerung für die Energiewirtschaft vorgeschlagen. Dabei soll angemerkt werden, dass der Fokus auf der Steuerung der in Kapitel 3.1. identifizierten Risiken liegt. In Kapitel 2.2.2. wurden bereits die vier Möglichkeiten der Steuerung vorgestellt, nämlich die Risikovermeidung, die Risikoreduktion, der Risikotransfer und die Risikoübernahme. Diese werden im Folgenden energiespezifisch konkretisiert.

Investitionsrisiken können nur vermieden werden, indem keine riskanten Investitionen getätigt werden. Sie können gemindert werden, wenn während des gesamten Projektes auf eine präzise Kosten- und Budgetplanung zurückgegriffen wird. Über entsprechende Versicherungen lassen sich Investitionsrisiken auf andere Parteien umwälzen.

Um Kreditrisiken entgegenzutreten, kann man auf das sogenannte Kreditrating zurückgreifen, das von Ratingagenturen durchgeführt wird und die Ausfallwahrscheinlichkeit bzw. Kreditwürdigkeit der möglichen Handelspartner beurteilt.[55] Auf Basis dieses Ratings entscheidet man anschließend, mit welchen Partnern (z. B. Stromkunden, Lieferanten) man Verträge eingeht. Somit können Kreditrisiken vermieden und reduziert werden, wenn ein Kreditlimit gesetzt wird und nur Verträge mit Partnern eingegangen werden, die über ausreichend finanzielle Mittel verfügen. Ergänzend werden Risiken reduziert, indem auf alternative Vertragspartner gesetzt (z. B. mehrere Lieferanten) wird, und transferiert, indem sogenannte Kreditversicherungen abgeschlossen werden (vgl. Gleißner (2011), S. 210 f.).

Marktrisiken können mittels des sogenannten *Hedgings* durch die Verwendung von Derivaten (Forwards, Futures, Optionen, Swaps) gesteuert werden, indem auf eine Vielzahl von verschiedenen Produkten des Energiemarktes gesetzt wird (vgl. Nakamura et al. (2006), S. 1737, 1747). Dadurch sollen vor allem Preis- und Mengen-, Rohstoffpreis- und Währungsrisiken reduziert werden und folglich Gewinnschwankungen verringert, Preise gegenüber Kunden garantiert und feste Produktionsmengen abgesichert werden (vgl. PwC (2009), S. 14). Man verwendet insbesondere Terminkontrakte (vor allem Forwards), um sich gegenüber unterschiedlichen Marktvolatilitäten wie beispielsweise volatilen Strompreisen an Spotmärkten abzusichern.[56] Meist werden 70-80% der Strombeschaffung über langfristige Verträge und der Rest über kurzfristige Geschäfte an der Börse geregelt (vgl. Nabe/Borchert (1999), S. 7). Laut Burger und Pedell (2011, S. 197) verkauft zum Beispiel die *EnBW AG* ihre erzeugten Strommengen ziemlich früh im Großhandel und kauft im selben Moment benötigte Brennstoffe zu, sodass dadurch schon ein erheblicher Teil der Marge gefestigt ist und nicht mehr den Marktpreisänderungsrisiken ausgeliefert ist. Die Preise für Endkundenverträge sind erst später fest und unterliegen geringen Preisänderungsrisiken, da die Mengen hierfür im Großhandel zurückerstanden werden. Mengenschwankungen gleicht die *EnBW AG* durch Geschäfte an der Börse aus. All dies sind Instrumente, denen sich Energieversorgungsunternehmen, Stromproduzenten sowie Vertriebsunternehmen bedienen können, jedoch für Netzbe-

---

[55] Vgl. Bergschneider et al. (1999), S. 229 f.; Burger et al. (2007), S. 269.
[56] Vgl. Müller-Merbach (2009), S. III; Borgmann (2004), S. 128; Deng/Oren (2006), S. 943.

treiber sind sie kaum verwendbar. Die Marktrisiken, denen Übertragungsnetzbetreiber ausgesetzt sind, können „aufgrund der gesetzlichen Anforderung zum Betrieb und zur Ergreifung von Maßnahmen für die Erhaltung der Systemstabilität" (Techert et al. (2009), S. 339) nicht vermieden, reduziert oder transferiert werden und daher müssen die meisten Risiken größtenteils von den ÜNB selbst getragen werden. Energiekunden dagegen können sich ähnlich wie die Energieanbieter durch Hedging gegenüber Strompreiserhöhungen absichern, indem sie Terminkontrakte abschließen (vgl. Nakamura et al. (2006), S. 1737). Andere Möglichkeiten der Vermeidung oder Reduktion von Marktrisiken – insbesondere für Industriekunden – sind der Wechsel von Lieferanten, Investitionen in einen effizienteren Betrieb und eine effizientere Produktion sowie der eventuelle Aufbau einer eigenen Stromversorgung (vgl. Bolay (2014), S. 1).

Operationelle Risiken (die Bereiche Technik, Personal und Organisation betreffend) im Bereich Technik können vermieden oder reduziert werden, indem an jedem Kraftwerksstandort und am Übertragungs- und Verteilnetz regelmäßige Risikoinventuren und Wartungen der Anlagen und Netze stattfinden sowie wichtige Computersysteme gewartet werden. Außerdem können Modernisierungen der verwendeten Netze und Produktionsanlagen dazu führen, dass sie weniger anfällig für Ausfälle und Schäden sind. Sollte es dennoch zu Aus- oder Unfällen kommen, können Notfallpläne bei der Verringerung der Folgen Abhilfe schaffen und durch unterschiedliche Versicherungen können Netzbetreiber und Stromproduzenten die Folgen technisch-operationeller Risiken abwälzen. Industriekunden können sich vor Schäden, die durch Unterbrechungen in der Versorgung entstehen, schützen, indem sie ihre Anlagen auf Widerstandsfähigkeit prüfen, auf eine eigene Stromerzeugung oder eine Notstromversorgung setzen und Versicherungen gegen Versorgungsunterbrechungen abschließen (vgl. Wimbauer et al. (2012), S. 40 f.). Im Personal- und Organisationsbereich sollten regelmäßige Überprüfungen, Schulungen, Nachwuchsförderungen und Mitarbeiterbefragungen stattfinden, damit Risiken vermieden oder reduziert werden (vgl. Gleißner (2011), S. 212).

Um die Risiken der Importabhängigkeit (vor allem von Russland) zu eliminieren oder wenigstens zu minimieren, gibt es eigentlich nur die Möglichkeit, dass Deutschland seine Energielieferländer sowie die Lieferrouten diversifiziert und somit zu annähernd gleich hohen Anteilen Energieträger aus verschiedenen Quellen bezieht und nicht nur fast ausschließlich von einem Land abhängig ist (vgl. Basedau/Schultze (2014), S. 1).

In Bezug auf politisch-rechtliche oder regulatorische Risiken lässt sich sagen, dass diese nicht vermieden oder über Versicherungen auf andere Parteien transferiert werden können (vgl. WBGU (2012), S. 15). Ihre Auswirkungen lassen sich lediglich ein wenig minimieren, indem Unternehmen auf Recherchen und Informationsdienste zurückgreifen, um rechtzeitig über (mögliche) Gesetzesänderungen informiert zu werden, und dann im Nachhinein Schulungen für ihre Mitarbeiter durchführen.[57]

Um Reputationsrisiken zu minimieren oder sogar zu vermeiden, sollte versucht werden, die Akzeptanz von Anlagen- und Netzneubauten zu erhöhen, indem in erster Linie kostengünstige Alternativen für den Neubau genutzt werden, die Planungsvorhaben für die Gesellschaft transparent gemacht werden und bei öffentlichen Verfahren zur Erklärung der Notwendigkeit bestimmter Maßnahmen die Medien miteinbezogen werden (vgl. Jarass/Obermair (2012), S. 197 f.). Renn und Dreyer (2013, S. 34 f.) schlagen sogar vor, bei der Bewertung von Risiken stets eine gesellschaftliche Perspektive und somit die Risikowahrnehmung der betroffenen Bevölkerung einzubeziehen.

Klimarisiken können vermieden werden, wenn Unternehmen ihre Standorte dorthin verlagern, wo weniger extreme Wetterereignisse befürchtet werden (vgl. Hoffmann/Busch (2008), S. 57). Sie können zudem verringert werden, wenn Unternehmen Maßnahmen zum Klimaschutz ergreifen und ihren Betrieb an die möglichen Folgen von Klimarisiken anpassen, und außerdem können Klimarisiken über Versicherungen auf andere Parteien transferiert werden (vgl. Mahammdzadeh (2011), S. 106). Eine weitere Möglichkeit, Wetterrisiken entgegenzutreten, wird von Dosi und Moretto (2003, S. 20) vorgestellt und betrifft den Handel mit sogenannten Wetterderivaten, bei denen im Voraus festgelegte Beträge ausgezahlt werden, wenn ein bestimmtes Wetterereignis eintritt, und somit Unternehmen vor finanziellen Verlusten bei ungünstigen Wetterstrukturen geschützt werden. Dazu gehören u. a. Swaps und Optionen.

Im Zusammenhang mit der Energiewende und dem damit verbundenen Kosten- und Versorgungsrisiko sollte in allererster Linie genauestens und nicht überhastet geplant werden, wo genau welche Kraftwerke benötigt werden, damit die Grundlast gesichert ist und Versorgungsunterbrechungen gemieden werden können, und zudem ist detailliert zu planen, wo und in welcher Form Transportnetze modernisiert und ausgebaut werden müssen, um unnötige Kosten zu vermeiden (vgl. Buhl/Weinhold (2012), S. 174). Vor allem um energiewendespezifische Akzeptanzprobleme zu unterbinden und für ein energieeffizienteres Verhalten bei den Verbrauchern zu sorgen, sind – wie im vorigen Abschnitt erklärt – je nach Fortschritt der Energiewende „Entscheidungs-, Kontroll- und Monitoringverfahren unter Einbeziehung von Privatwirtschaft und Zivilgesellschaft"

---

[57] Vgl. Diederichs (2012), S. 133; Gleißner (2011), S. 212.

nötig, damit „ein gezieltes, fundiertes und integriertes Konzept für die konkrete Umsetzung der energiepolitischen Ziele der Bundesregierung" entwickelt und umgesetzt werden kann (Renn/Dreyer (2013), S. 40). Um dem Strompreisanstieg durch die voraussichtlich weiter steigende EEG-Umlage entgegenzutreten, schlägt Frondel (2012, S. 14 f.) vor, den Zubau für zu teure Technologien wie die Photovoltaik einzugrenzen und ein mehrjähriges Moratorium für die erneuerbaren Energien einzuführen, damit die Kostenbelastung für die Stromkunden beschränkt, der notwendige Ausbau der Netze und Speicher in Ruhe vollzogen und nach alternativen Möglichkeiten der EE-Förderung geforscht werden kann. Ein weiteres Problem, das mit der Energiewende einhergeht, ist die Tatsache, dass erneuerbare Energien langfristig ihre Vollkosten nicht decken können. Auch hierfür finden sich in der Literatur viele Gegenmaßnahmen, wie zum Beispiel bei Kopp et al. (2012, S. 254), die Marktmechanismen vorstellen, die den EE-Anlagen neben den Erlösen weitere Zahlungsströme zuführen. Es ist zwar noch ungewiss, in welchem Umfang diese Mechanismen zur Vollkostendeckung beitragen, aber das sogenannte Quotenmodell und die EE-Kapazitätsmärkte wären mögliche Ansätze. Insgesamt fällt auf, dass im Rahmen der Energiewende noch Handlungsbedarf besteht, Risikostrategien zu entwickeln, die insbesondere auf die Versorgungssicherheit abzielen. Nach Romerio (2006, S. 27) ist die Stromversorgung zu diversifizieren, um nicht von einem bestimmten Rohstoff, einer bestimmten Technologie oder einem bestimmten Lieferanten abhängig zu sein.

Zusammenfassend lässt sich formulieren, dass ein erfolgreiches Energiewende-Risikomanagement nur durch die Verbindung technischer, ökonomischer und sozialwissenschaftlicher Einschätzungen geschaffen werden kann (vgl. Kemfert et al. (2013), S. 6).

In nachfolgender Tabelle sind noch einmal alle oben beschriebenen Strategien der Risikosteuerung für die einzelnen Risiken in der Energiewirtschaft zusammengefasst. Dabei soll dies keinesfalls eine Darstellung aller erdenklich möglichen Risikosteuerungsinstrumente sein, sondern viel mehr Vorschläge zur Steuerung der in Kapitel 3.1. identifizierten energiespezifischen Risiken liefern. Alle Risiken, die nicht vermieden, reduziert oder transferiert werden können, müssen vom Unternehmen selbst getragen werden und dafür sind ausreichende Kapitalreserven vonnöten.

Strategien der Risiko-steuerung / Risikoarten	Risikovermeidung	Risikoreduktion	Risikotransfer
Investitionsrisiken	• keine riskanten Investitionen tätigen	• auf eine präzise Kosten- und Budgetplanung zurückgreifen	• entsprechende Versicherungen abschließen • Kosten auf Verbraucher umwälzen
Kreditrisiken	• Kreditrating (nur Verträge mit Partnern hoher Kreditwürdigkeit eingehen)	• auf alternative Vertragspartner setzen (z. B. mehrere Lieferanten) • Kreditlimit setzen	• Kreditversicherung abschließen
Marktrisiken (insb. Preis- und Mengen-, Währungs-, Rohstoffpreisrisiko)	• *Produzenten, Vertriebsunternehmen, EVUs*: Hedging durch die Verwendung von Derivaten (insb. Terminkontrakte) 70-80% der Strombeschaffung über langfristige Verträge, der Rest über kurzfristige Geschäfte • *Kunden/Verbraucher*: Hedging durch Terminkontrakte Wechsel von Lieferanten Investitionen in einen effizienteren Betrieb und eine effizientere Produktion eventueller Aufbau einer eigenen Versorgung		• *Netzbetreiber*: evtl. Überwälzung auf Nicht-Netzkunden, ansonsten Selbsttragen der Risiken (Risikoübernahme)
operationelle Risiken	• *Produzenten, Netzbetreiber*: regelmäßige Risikoinventuren und Wartungen der Kraftwerksanlagen und Netze Wartungen der Computersysteme Modernisierungen der verwendeten Netze und Produktionsanlagen Einführung von Notfallplänen regelmäßige Überprüfungen, Schulungen, Nachwuchsförderungen und Mitarbeiterbefragungen (Personal- und Organisationsbereich) • *Kunden/Verbraucher*: Anlagen auf Widerstandsfähigkeit prüfen auf eigene Stromversorgung oder eine Notstromversorgung setzen		• *Produzenten, Netzbetreiber*: unterschiedliche Versicherungen abschließen • *Kunden/Verbraucher*: Versicherungen gegen Versorgungsunterbrechungen abschließen
sonstige Risiken Importabhängigkeit	• Energielieferländer und Lieferrouten diversifizieren und somit zu etwa gleich hohen Anteilen Energieträger aus unterschiedl. Quellen beziehen		
politische/rechtliche Risiken		• auf Recherchen und Informationsdienste zurückgreifen, dann Schulungen für die Mitarbeiter durchführen	
Reputationsrisiken	• Akzeptanz von Anlagen- und Netzneubauten erhöhen, indem …in erster Linie kostengünstige Alternativen für den Neubau genutzt werden …die Planungsvorhaben für die Gesellschaft transparent gemacht werden …bei öffentlichen Verfahren zur Erklärung der Notwendigkeit bestimmter Maßnahmen die Medien miteinbezogen werden		

		• Maßnahmen zum Klimaschutz ergreifen	
Klimarisiken	• Standorte dorthin verlagern, wo weniger extreme Wetterereignisse befürchtet werden	den Betrieb an die möglichen Folgen von Klimarisiken anpassen	• Versicherungen abschließen
		Handel mit Wetterderivaten	
Risiken der Energiewende	• genaue und nicht überhastete Planung, wo welche Kraftwerke benötigt werden • detaillierte Planung, wo und in welcher Form Transportnetze modernisiert und ausgebaut werden müssen • Entscheidungs-, Kontroll- und Monitoringverfahren unter Einbeziehung von Privatwirtschaft und Zivilgesellschaft nötig • Zubau für teure Technologien wie die Photovoltaik eingrenzen • mehrjähriges Moratorium für die erneuerbaren Energien einführen • Marktmechanismen einführen, die den EE-Anlagen neben den Erlösen weitere Zahlungsströme zuführen (z. B. Quotenmodell, EE-Kapazitätsmärkte) • Stromversorgung diversifizieren		

Tabelle 5: *Strategien der Risikosteuerung in der Energiewirtschaft*[58]

3.4.   Risikoüberwachung

Der Schritt der Risikoüberwachung wird auch häufig mit der Risikokontrolle, Risikokommunikation und des Risikoreportings in Verbindung gebracht. Die Hauptaufgaben dieser Stufe bestehen darin, die identifizierten und bewerteten Risiken sowie deren Steuerung zu überwachen und empfängerorientiert und verständlich zu kommunizieren (vgl. Niggemann (2013), S. 210). Die Häufigkeit der Berichterstattung wird meist an die Bedeutsamkeit der Risiken angepasst, indem beispielsweise sehr wichtige Risiken jeden Tag und weniger wichtige Risiken nur jährlich berichtet werden (vgl. Fachhochschule des Bfi (2006), S. 125). Bei der *MOL Group* werden Berichte demnach monatlich, quartalsweise und jährlich erstellt (vgl. Papp/Szoboszlai (2008), S. 113), wohingegen der *Axpo*-Konzern auf einen halbjährlichen Bericht setzt, der die vordergründigen Risiken kommuniziert (vgl. Sangiorgio et al. (2008), S. 176). Die *Vattenfall Europe AG* überwacht täglich die Risiken, denen die „schnellen" Portfolien aufgrund der sich rapide ändernden Energiepreise an der Börse ausgesetzt sind, jedoch Risiken, die sich nicht derart rapide ändern, werden meist nur quartalsweise kommuniziert (vgl. Durchholz (2008), S. 134). Bei der *RWE AG* werden nicht nur alle Risiken sondern auch Chancen

---

[58] Eigene Darstellung.

in einem übergeordneten Risikomanagement gesammelt, das in jedem Quartal aktualisiert wird (vgl. Ufer/Hoffjan (2008), S. 391).

Ein viel verbreitetes System zur Überwachung von Risiken ist die sogenannte *Balanced Scorecard* (BSC), welche auch bei der *RWE AG* zum Einsatz kommt (vgl. Ufer/Hoffjan (2008), S. 391). Sie betrachtet die vier Perspektiven Finanzen („Wie sehen die Eigentümer und Investoren die Unternehmung?"), Kunden („Wie sehen die Kunden die Unternehmung?"), Prozesse („Welches sind die erfolgsrelevanten internen Prozesse?") und Potenziale („Ist die benötigte Infrastruktur zur Zielerreichung in der Unternehmung vorhanden?"), für die im Einzelnen strategische Ziele, entsprechende Kennzahlen und Maßnahmen zum Erreichen dieser Ziele bestimmt werden.[59] Anschließend wird in bestimmten Abständen kontrolliert, inwiefern die beschlossenen Maßnahmen wirksam waren und die festgelegten Ziele erreicht wurden. Für Netzbetreiber beispielsweise ist in der Kundenperspektive die Versorgungssicherheit ein bedeutender Aspekt und im Bereich der Prozesse die Anlagenverfügbarkeit (vgl. Kaspryk (2008), S. 599). Häufig wird dieser klassische Ansatz erweitert, indem man für jede Perspektive konkrete Chancen und Risiken sowie deren Einflussgrößen beschreibt, was zur sogenannten *Balanced Chance- & Risk-Card* führt (vgl. Schneck (2010), S. 130). Wie man die BSC und das Risikomanagement sonst noch integrieren kann, zeigen Peddel und Schwihel (2004) anhand der *Erdgas Südbayern GmbH*. Sie beschreiben, dass „durch die Spiegelung der Ziele der BSC und der vom Risikomanagement erfassten Risiken [...] Lücken in beiden Ansätzen [aufgedeckt und geschlossen werden]" (S. 150) und dadurch ein „systematischer Abgleich von Chancen und Risiken" (S. 149) vollzogen wird. Anschließend stellen sie unterschiedliche Konzepte vor, wie die Balanced Scorecard und das Risikomanagement konkret integriert werden können (S. 150-156).

Die Vorteile des Einsatzes einer BSC sind vielfältig. So führt die integrative Betrachtung dazu, dass Zusammenhänge zwischen den einzelnen Zielen deutlich werden, da das Unternehmen aus mehreren Perspektiven betrachtet wird (vgl. Diederichs (2012), S. 187). Außerdem wird das bereichsübergreifende Denken der Unternehmensführung verstärkt, werden Zielkonflikte erkannt und Lücken innerhalb der Unternehmensstrategie geschlossen (vgl. Pedell/Schwihel (2002), S. 51).

---

[59] Vgl. Schneck (2010), S. 129; Pedell/Schwihel (2002), S. 46.

4. Zusammenfassung und Ausblick

Das Ziel dieser Untersuchung bestand darin, ein Risikomanagementsystem für Unternehmen in der Energiewirtschaft zu entwickeln, das im Einzelnen die Stufen Risikoidentifikation, Risikobewertung, Risikosteuerung und Risikoüberwachung betrachtet. Bevor jedoch Risiken identifiziert werden können, müssen grundlegende Eigenschaften der Energiewirtschaft und des Risikomanagements im Allgemeinen verstanden werden. Dazu wurden zuerst die einzelnen Schritte der Stromwertschöpfungskette beschrieben: Erzeugung, Handel, Transport und Vertrieb (Kapitel 2.1.1.).

Im Bereich der Stromerzeugung wurden die besonderen Merkmale der konventionellen und der erneuerbaren Energieerzeugung herausgestellt. Zur Zeit machen die konventionellen Energieträger noch den größten Anteil an der Bruttostromerzeugung in Deutschland aus. Dies soll sich jedoch aufgrund derer Nachteile (z. B. begrenzte Ressourcen, Preisschwankungen, hohe CO_2-Emissionen) in Zukunft ändern, indem vermehrt auf erneuerbare Energieträger gesetzt wird, da diese gewisse Vorteile (z. B. im Prinzip unbegrenzte Ressourcen, kaum CO_2-Emissionen) mit sich bringen. Eine wichtige Eigenschaft von Strom stellt die Nichtspeicherbarkeit dar, was bedeutet, dass die produzierte Strommenge zu jedem Zeitpunkt der verbrauchten Menge entsprechen muss. Dafür werden Verbrauchsprognosen mit Hilfe der sogenannten Lastprofile erstellt. Die einzelnen Kraftwerkstypen sind dabei für die einzelnen Lastarten unterschiedlich gut geeignet. Der Abschnitt des Stromhandels beschäftigte sich zuerst mit der Preisbildung nach dem Merit-Order-Modell und den verschiedenen Möglichkeiten des Stromhandels an der Börse und am Over-the-Counter-Markt. Im Merit-Order-Modell werden alle Kraftwerkstypen aufsteigend nach ihren Grenzkosten sortiert und das letzte zur Befriedigung des Strombedarfs eingesetzte und damit das teuerste Kraftwerk bestimmt mit seinen Grenzkosten den Strompreis an der Börse. Börslich und außerbörslich können verschiedene Kontrakte (z. B. Optionen, Futures, Swaps, Forwards) am Spotmarkt und am Terminmarkt abgeschlossen werden, um seinen Strombedarf zu decken. Zu dem Beschaffungspreis an der Börse kommen noch weitere Kostenbestandteile hinzu, wie beispielsweise das Netznutzungsentgelt und Abgaben, Umlagen und Steuern (z. B. die EEG-Umlage). Beim Stromtransport wird zwischen Übertragungsnetzbetreibern und Verteilungsnetzbetreibern unterschieden. Beide haben für einen reibungslosen Ablauf des Transports ohne Kurzschlüsse und Stromausfälle zu sorgen. Die Übertragungsnetzbetreiber haben zudem die Aufgabe, in ihrer Regelzone ein Gleichgewicht herzustellen und notfalls Regelenergie zuzuführen. Der Abschnitt des Stromvertriebs beschäftigte sich mit dem Verkauf von Strom an die Endverbraucher sowie den einzelnen Arten von Versorgungsunternehmen.

Kapitel 2.1.2. schilderte die Besonderheiten der Energiewende. Ihre Ziele bestehen darin, die Treibhausgasemissionen zu reduzieren und die Atomkraftwerke abzuschalten. Dabei soll das Erneuerbare-Energien-Gesetz diese Ziele unterstützen, indem es Anlagen, die Strom aus erneuerbaren Energien erzeugen, fördert und ihnen den Markteintritt ermöglicht. In diesem Zusammenhang wurde das energiepolitische Zieldreieck, bestehend aus den Komponenten Versorgungssicherheit, Umweltverträglichkeit und Wirtschaftlichkeit sowie deren aktuelle Erfüllung vorgestellt. Anschließend wurde die genaue Wirkungsweise des EEG sowie die damit einhergehenden Probleme und Maßnahmen zu deren Lösung, erklärt.

In Kapitel 2.2. wurden unterschiedliche Definitionen vom Risikobegriff und vom Verständnis eines Risikomanagements vorgestellt. Meist wird Risiko als die Auswirkung von Unsicherheit auf die Unternehmensziele angesehen. Im Anschluss daran wurden die Besonderheiten jeder Stufe des Risikomanagementprozesses (Identifikation, Bewertung, Steuerung, Überwachung) erläutert sowie jeweils Methoden zum Erkennen, Bewerten und Steuern von Risiken kurz vorgestellt.

Kapitel 3 hat die Risiken, die insbesondere in der deutschen Energiewirtschaft auftreten, analysiert. Diese wurden zuerst identifiziert und in finanzielle und nicht-finanzielle Risiken unterteilt. Die finanziellen Risiken sind Investitions-, Kredit- und Marktrisiken, wobei letztere aus dem Preis- und Mengenrisiko, dem Marktliquiditätsrisiko, dem Währungsrisiko und letztlich dem Rohstoffpreisrisiko bestehen. Auf der Seite der nicht-finanziellen Risiken wurden die operationellen, die strategischen sowie sonstige Risiken (Importabhängigkeit, politische/rechtliche Risiken, Reputationsrisiken, Klimarisiken) erwähnt. Im Anschluss wurden diese Risiken inklusive ihrer Auswirkungen und Bedeutung für die einzelnen Beteiligten in der Energiewirtschaft beschrieben, denn jedes Risiko kann für jeden unterschiedlich bedeutsam sein. In Kapitel 3.1.2. wurden diese Risiken im Zusammenhang mit der Energiewende beleuchtet und es wurde analysiert, welchen Einfluss die Energiewende und ihre Instrumente auf die einzelnen schon bestehenden Risiken in der Stromwirtschaft haben. Zusammenfassend ließ sich sagen, dass sowohl die finanziellen als auch die nicht-finanziellen Risiken durch die Energiewende verstärkt werden. Für die Versorger und Netzbetreiber gilt dies insbesondere für die Investitions- und Marktrisiken und so gut wie alle nicht-finanziellen Risiken. Für die Verbraucher entsteht ein erhöhtes Strompreis- und Versorgungsrisiko. Als die größten

Risiken der Energiewende werden die hohen Kosten und die unsichere Energieversorgung angesehen. Im Rahmen der Risikobewertung (Kapitel 3.2.) wurden qualitative und quantitative Methoden, die insbesondere bei Energieunternehmen Verwendung finden, vorgestellt. Ein besonderes Augenmerk lag hier auf der Value-at-Risk-Methode, die es ermöglicht, die Risikoposition eines Unternehmens in nur einer Zahl auszudrücken. Das Vorgehen zur Bestimmung des Value-at-Risks inklusive der Monte-Carlo-Simulation wurde detailliert beschrieben und Erweiterungen wie der Cash-Flow-at-Risk und der Credit Value-at-Risk wurden vorgestellt. Im Anschluss halfen konkrete Anwendungsbeispiele aus der Praxis dabei, diese Verfahren in Energieunternehmen zu verstehen. Der Abschnitt 3.3. beschäftigte sich mit den Strategien zur Bewältigung von energiespezifischen Risiken und stellte für die jeweiligen in Kapitel 3.1. identifizierten Risiken Instrumente der Risikovermeidung, der -reduktion und des -transfers vor. Zusammenfassend ließ sich formulieren, dass ein erfolgreiches Management der energiewirtschaftlichen Risiken und der Risiken der Energiewende nur durch das Zusammenführen von technischen, ökonomischen und sozialwissenschaftlichen Aspekten möglich ist. Den Abschluss dieser Untersuchung bildete das Thema der Risikoüberwachung. Der Fokus lag hierbei auf der Balanced Scorecard, da diese als ein Instrument der Risikokontrolle häufig in Energieunternehmen zum Einsatz kommt.

Abschließend lässt sich formulieren, dass Energieunternehmen in Deutschland sich – vor allem durch die Energiewende – immer mehr und immer größeren Risiken ausgesetzt sehen müssen und es daher von besonderer Wichtigkeit ist, ein funktionierendes Risikomanagement im Unternehmen einzuführen. Dieses Buch bietet einen Ansatz und eine Möglichkeit zur Einführung eines Risikomanagements für Energieunternehmen. Sie stellt einen groben Überblick über die möglichen Risiken in der Energiewirtschaft, deren Bewertung und Steuerung dar, welcher erweitert und detaillierter ausgeführt werden kann und auch soll. Daher sind weitere Forschungen in diesem Bereich empfehlenswert, bei denen die einzelnen Phasen des Risikomanagements, insbesondere die Phase der Risikobewertung, noch genauer betrachtet werden und versucht wird, die Ursachen der identifizierten Risiken zu analysieren. Weitere Forschungsmöglichkeiten sind in der Untersuchung der Chancen zu sehen, da die Energiewende auch positive Effekte und Chancen mit sich bringt. Diese sollten analysiert und den Risiken gegenübergestellt werden. Dabei könnte das Durchführen von Szenarioanalysen zur Energiewende, wie man sie beispielsweise bei Pregger et al. (2013) und Schmid et al. (2013) findet, behilflich sein. Es sollte zudem nach weiteren Maßnahmen geforscht werden, die die durch die Energiewende bedingten Strompreiserhöhungen dämpfen und Refinanzierungsprobleme der erneuerbaren Energien beheben. Forschungsansätze zur Markt- und Systemintegration von erneuerbaren Energien liefern u. a. Gawel und Purkus (2013). Es fällt auf, dass die Energiewende ein äußerst komplexes Vorhaben ist, das noch viel Forschung und Denkarbeit erfordert.

Literaturverzeichnis

AG Energiebilanzen e.V. (AGEB) (2014a): Auswertungstabellen zur Energiebilanz Deutschland - 1990 bis 2013, http://www.ag-energiebilanzen.de/index.php?article_id =29&fileName=ausw_10092014_05112014_ov.pdf (Abfrage 14.03.2015).

AG Energiebilanzen e.V. (AGEB) (2014b): Mehr Energie eingeführt - Ein Viertel des Energieverbrauchs stammt aus russischen Quellen / Inlandsgewinnung leicht gesunken, http://www.ag-energiebilanzen.de/index.php?article_id=29&fileName=ageb_pr essedienst_03_2014_energieimporte.pdf (Abfrage 14.03.2015).

Agora Energiewende: Wie funktioniert der Strommarkt?, http://www.agora-energiewende.de/themen/strommarkt-versorgungssicherheit/wie-funktioniert-der-strommarkt/ (Abfrage 14.03.2015).

Amprion (a): Grundlast, Mittellast, Spitzenlast, http://www.amprion.net/grundlast-mittellast-spitzenlast (Abfrage 14.03.2015).

Amprion (b): Vorbereitung für die Anreizregulierung, http://www.amprion.net/anreiz regulierung (Abfrage 14.03.2015).

Amprion (c): Mechanismen des EEG, http://www.amprion.net/erneuerbare-energien-gesetz (Abfrage 15.03.2015).

Balks, Marita/Breloh, Philipp (2014): Risikobewertung bei Investitionen in Offshore-Windanlagen, in: Wirtschaftsdienst : Zeitschrift für Wirtschaftspolitik, 94. Jg., Heft 1, S. 26–33.

Bardt, Hubertus/Biebeler, Hendrik/Haas, Heide (2013): Einfluss des Klimawandels auf die deutsche Energieversorgung, in: Wirtschaftsdienst : Zeitschrift für Wirtschaftspolitik, 93. Jg., Heft 5, S. 307–314.

Basedau, Matthias/Schultze, Kim (2014): Abhängigkeit von Energieimporten - Risiko für Deutschland und Europa?, in: GIGA Focus Global, http://www.giga-hamburg.de/de/system/files/publications/gf_global_1408.pdf (Abfrage 12.03.2015).

Bauer, Mathias/Freeden, Willi/Jacobi, Hans/Neu, Thomas (2014): Energiewirtschaft 2014 - Fakten und Chancen der Tiefen Geothermie, Wiesbaden.

Bergschneider, Claus/Karasz, Michael/Schumacher, Ralf (1999): Risikomanagement im Energiehandel - Grundlagen, Techniken und Absicherungsstrategien für den Einsatz von Derivaten, Stuttgart.

Blazejczak, Jürgen/Diekmann, Jochen/Edler, Dietmar/Kemfert, Claudia/Neuhoff, Karsten/Schill, Wolf-Peter (2013): Energiewende erfordert hohe Investitionen, in: DIW-Wochenbericht : Wirtschaft, Politik, Wissenschaft, 80. Jg., Heft 26, S. 19–30.

Bolay, Sebastian (2014): Energiewende: Mehr Risiken, weniger Chancen für die Wirtschaft, www.dihk.de/presse/thema-der-woche/2014/tdw-110902014 (Abfrage 15.03.2015).

Borgmann, Eberhard (2004): Preisrisikomanagement im liberalisierten deutschen Strommarkt, zugel. Dissertation Technische Universität Freiberg, http://www.qucosa.de/fileadmin/data/qucosa/documents/2129/Wirtschaftswissenscha ftenBorgmannEberhard678866.pdf (Abfrage 12.03.2015).

Buhl, Hans Ulrich/Weinhold, Michael (2012): Die Energiewende - Ein Echtzeitexperiment, das keinen Fehler erlaubt, oder eine große Chance für die Wirtschaft?, in: Wirtschaftsinformatik, 54. Jg., Heft 4, S. 173–176.

Bundesverband der Energie- und Wasserwirtschaft e.V. (BDEW) (2014a): Bruttostromerzeugung nach Energieträgern 2013, https://www.bdew.de/internet.nsf/id/energie
mix-de (Abfrage 14.03.2015).

Bundesverband der Energie- und Wasserwirtschaft e.V. (BDEW) (2014b): Erneuerbare
Energien und das EEG - Zahlen, Fakten, Grafiken (2014),
https://www.bdew.de/internet.nsf/id/83C963F43062D3B9C1257C89003153BF/$file/
Energie-Info_Erneuerbare%20Energien%20und%20das%20EEG%20%282014%
29_24.02.2014_final_Journalisten.pdf (Abfrage 14.03.2015).

Bundesverband der Energie- und Wasserwirtschaft e.V. (BDEW) (2014c): BDEW-
Strompreisanalyse Juni 2014 - Haushalte und Industrie,
https://www.bdew.de/internet.nsf/id/20140702-pi-steuern-und-abgaben-am-
strompreis-steigen-weiter-de/$file/140702%20BDEW%20Strompreisanalyse%2020
14%20Chartsatz.pdf (Abfrage 14.03.2015).

Bundesministerium für Wirtschaft und Energie (BMWi) (2014a): Energiedaten: Ge-
samtausgabe, http://www.bmwi.de/BMWi/Redaktion/PDF/E/energiestatistiken-
grafiken,property=pdf,bereich=bmwi2012,sprache=de,rwb=true.pdf (Abfrage
14.03.2015).

Bundesministerium für Wirtschaft und Energie (BMWi) (2014b): Ein Strommarkt für
die Energiewende - Diskussionspapier des Bundesministeriums für Wirtschaft und
Energie (Grünbuch), http://www.bmwi.de/BMWi/Redaktion/PDF/G/gruenbuch-
gesamt,property=pdf,bereich=bmwi2012,sprache=de,rwb=true.pdf (Abfrage
14.03.2015).

Bundesministerium für Wirtschaft und Energie (BMWi) (2014c): Das Erneuerbare-
Energien-Gesetz 2014 - Die wichtigsten Fakten zur Reform des EEG,
http://www.bmwi.de/BMWi/Redaktion/PDF/Publikationen/das-erneuerbare-
energien-gesetz-2014,property=pdf,bereich=bmwi2012,sprache=de,rwb=true.pdf
(Abfrage 14.03.2015).

Bundesregierung (2014): Wie funktioniert der Strommarkt?,
http://www.bundesregierung.de/Content/DE/Artikel/2014/08/2014-08-04-so-
funktioniert-der%20strommarkt.html (Abfrage 14.03.2015).

Burger, Markus/Graeber, Bernhard/Schindlmayr, Gero (2007): Managing energy risk -
An integrated view on power and other energy markets, Chichester.

Burger, Markus/Pedell, Burkhard (2011): Risikocontrolling in der Energiewirtschaft, in:
Controlling, 23. Jg., Heft 3, S. 196–198.

Burgherr, Peter/Hirschberg, Stefan (2014): Comparative risk assessment of severe acci-
dents in the energy sector, in: Energy Policy, 74 Jg., Heft 1, S. 45–56.

Burstedde, Barbara (2014): Leitstudie Strommarkt - Arbeitspaket Optimierung des
Strommarktdesigns, http://www.bmwi.de/BMWi/Redaktion/PDF/Publikationen/
Studien/leitstudie-strommarkt,property=pdf,bereich=bmwi2012,sprache=de,rwb=
true.pdf (Abfrage 14.03.2015).

Chartered Institute of Management Accountants (2005): Official terminology, Oxford.

Cottin, Claudia/Döhler, Sebastian (2013): Risikoanalyse - Modellierung, Beurteilung
und Management von Risiken mit Praxisbeispielen, 2. überarb. u. erw. Aufl., Wiesbaden.

Cremers, Heinz (1999): Value at Risk-Konzepte für Marktrisiken, http://www.frankfurt-
school.de/clicnetclm/fileDownload.do?goid=000000058646AB4 (Abfrage
15.03.2015).

Deng, Shi-Jie/Oren, Shmuel S. (2006): Electricity derivatives and risk management, in: Energy, 31. Jg., Heft 6, S. 940–953.

Diederichs, Marc (2012): Risikomanagement und Risikocontrolling, 3. vollst. überarb. Aufl., München.

Doody, Helenne (2009): Fraud risk management - A guide to good practice, London.

Dosi, Cesare/Moretto, Michele (2003): Global warming and financial umbrellas, Milano.

Durchholz, Carsten (2008): Erfahrungen mit der Aggregation von Risiken bei Vattenfall Europe, in: Risikoaggregation in der Praxis : Beispiele und Verfahren aus dem Risikomanagement von Unternehmen, Berlin, S. 133–147.

Eichler, Markus: Der Strompreis – Wie setzt er sich zusammen?, http://www.wie-energiesparen.info/fakten-wissen/der-strompreis-wie-setzt-er-sich-zusammen/ (Abfrage 14.03.2015).

Enders, Thilo/Vetter, Thomas/Wagner, Uwe (2008): Risikoaggregationsmethoden im Risikomanagement der EnBW, in: Risikoaggregation in der Praxis : Beispiele und Verfahren aus dem Risikomanagement von Unternehmen, Berlin, S. 149–161.

Erfkemper, Hans-Dieter (2000): Risikobereitschaft und Risikomanagement von Energieversorgern, in: Energiewirtschaftliche Tagesfragen, 50. Jg., Heft 8, S. 570–572.

Fachhochschule des Bfi (Hg.) (2006): Wirtschaft und Management - Schriftenreihe zur wirtschaftswissenschaftlichen Forschung und Praxis, http://www.fh-vie.ac.at/content/download/1572/8993/file/SR_Ausgabe4_Mai06.pdf (Abfrage 12.03.2015).

Frenkel, Michael/Hommel, Ulrich/Rudolf, Markus (2000): Risk management - Challenge and opportunity, Berlin, Heidelberg.

Frenzel, Sabine (2007): Stromhandel und staatliche Ordnungspolitik, Berlin.

Frondel, Manuel (2012): Die Kosten und Risiken der Energiewende, https://www.bdvb.de/portalbuilder/mediadatabase/die_kosten_und_risiken_der_energiewende_von_prof._dr._frondel.pdf (Abfrage 15.03.2015).

Gawel, Erik/Purkus, Alexandra (2013): Promoting the market and system integration of renewable energies through premium schemes - A case study of the German market premium, in: Energy Policy, 61. Jg., Heft 0, S. 599–609.

Gleißner, Werner (2011): Grundlagen des Risikomanagements im Unternehmen - Controlling, Unternehmensstrategie und wertorientiertes Management, 2. komplett überarb. und erw. Aufl., München.

Graeber, Dietmar Richard (2014): Handel mit Strom aus erneuerbaren Energien, Wiesbaden.

Günther, Matthias (2015): Energieeffizienz durch erneuerbare Energien - Möglichkeiten, Potenziale, Systeme, Wiesbaden.

Hager, Peter (2004): Value at Risk und Cash Flow at Risk in Unternehmen, zugel. Dissertation Universität Siegen.

Hessler, Markus/Loebert, Ina (2013): Zu Risiken und Nebenwirkungen des Erneuerbare-Energien-Gesetzes, Hamburg.

Hilpold, Claus/Kaiser, Dieter G. (2010): Innovative Investmentstrategien - Handelstechniken für eine optimierte Portfoliodiversifikation, Wiesbaden.

Hoffmann, Volker H./Busch, Timo (2008): Kohlenstoff und Klimawandel - neue Herausforderungen für das Risikomanagement von Unternehmen, in: Umweltwirtschaftsforum : UWF, 16. Jg., Heft 2, S. 53–58.

Huber, Marcel/Hessel, Katja/Traublinger, Heinrich/Pittel, Karen (2012): Symposium "Energiewende - an die technologische Spitze oder ins wirtschaftliche Abseits?", in: Ifo-Schnelldienst, 65. Jg., Heft 6, S. 3–21.

IHK Nord Westfalen (2011): Energiewende - Chancen und Risiken, in: Wirtschaftsspiegel, Heft 11, S. 12–25.

Institute of Risk Management (IRM) (2002): A risk management standard, London.

Jarass, L./Obermair, G. M. (2012): Welchen Netzumbau erfordert die Energiewende? - Unter Berücksichtigung des Netzentwicklungsplans Strom 2012, Münster.

Joas, Fabian/Pahle, Michael/Flachsland, Christian (2014): Die Ziele der Energiewende - Eine Kartierung der Prioritäten, in: Ifo-Schnelldienst, 67 Jg., Heft 9, S. 6–11.

Kajüter, Peter (2012): Risikomanagement im Konzern - Eine empirische Analyse börsennotierter Aktienkonzerne, München.

Kaspryk, Olaf (2008): Planung des Instandhaltungsbudgets von Energienetzbetreibern unter Risikogesichtspunkten, in: Controlling, 20 Jg., Heft 11, S. 593–600.

Kästner, Thomas/Kießling, Andreas (2009): Energie in 60 Minuten - Ein Reiseführer durch die Stromwirtschaft, Wiesbaden.

Kemfert, Claudia/Schill, Wolf-Peter/Traber, Thure (2013): Energiewende in Deutschland - Chancen und Herausforderungen, in: Vierteljahrshefte zur Wirtschaftsforschung, 82. Jg., Heft 3, S. 5–9.

Kempermann, Hanno/Bähr, Cornelius (2013): Chancen und Herausforderungen der Energiewende für kleine und mittlere Unternehmen, http://www.bmwi.de/BMWi/Redaktion/PDF/Publikationen/Studien/studie-chancen-herausforderungen-der-energiewende-fuer-kleine-mittlere-unternehmen,property=pdf,bereich=bmwi2012,sprache=de,rwb=true.pdf (Abfrage 15.03.2015).

Kiesel, Rüdiger (2012): Geldanlage bei Inflationsrisiken und politischen Risiken - Investition in eine Photovoltaikanlage unter politischen Risiken im Kontext des Gesetzes für den Vorrang Erneuerbarer Energien, www.welt.de/bin/text-106595304.pdf (Abfrage 12.03.2015).

Kohler, Stephan (2014): Wie soll es mit der Energiewende und dem EEG weitergehen?, http://www.dena.de/fileadmin/user_upload/Veranstaltungen/Vortraege_GF/sk/14022 0_SK_Energiepolitisches_Fruchstueck_des_EnergieDialog_2050_Berlin_Wie_soll_es_mit_der_Energiewende_und_dem_EEG_weitergehen.pdf (Abfrage 15.03.2015).

Konstantin, Panos (2013): Praxisbuch Energiewirtschaft - Energieumwandlung, -transport und -beschaffung im liberalisierten Markt, 3. aktual. Aufl., Berlin, Heidelberg.

Kopp, Oliver/Eßer-Frey, Anke/Engelhorn, Thorsten (2012): Können sich erneuerbare Energien langfristig auf wettbewerblich organisierten Strommärkten finanzieren?, in: Zeitschrift für Energiewirtschaft : ZfE, 36. Jg., Heft 4, S. 243–255.

Köpp, Cornelius/Mettenheim, Hans-Jörg von/Breitner, Michael H. (2013): Lastmanagement in Stromnetzen, in: WIRTSCHAFTSINFORMATIK, 55. Jg., Heft 1, S. 39–49.

KPMG (2005): Unbundling hat bei Energieversorgern oberste Priorität, http://www.kpmg.de/Presse/3187.htm (Abfrage 14.03.2015).

Krohn, Nicole (2009): Energie für Deutschland, in: DIE ZEIT, Heft 42, S. 41, online: zelos.zeit.de/wissen/2009-10/41-infografik-energie.pdf (Abfrage 14.03.2015).

Madlener, Reinhard/Siegers, Lena/Bendig, Stefan (2009): Risikomanagement und -controlling bei Offshore-Windenergieanlagen, in: Zeitschrift für Energiewirtschaft, 33. Jg., Heft 2, S. 135–146.

Mahammadzadeh, Mahammad (2011): Risikomanagement - Bewältigung von Klimarisiken in Unternehmen, in: Umweltwirtschaftsforum : UWF, 19. Jg., Heft 1/2, S. 101–108.

Maubach, Klaus-Dieter (2013): Energiewende - Wege zu einer bezahlbaren Energieversorgung, Wiesbaden.

Maubach, Klaus-Dieter (2014): Energiewende -Wege zu einer bezahlbaren Energieversorgung, 2. Aufl., Wiesbaden.

Meißner, Daniel/Scholand, Markus (2000): Risiken und Risikomanagement in neuen Strommärkten, in: Energiewirtschaftliche Tagesfragen, 50. Jg., Heft 8, S. 558–563.

Merchant, Kenneth A./Van der Stede, Wim A. (2012): Management control systems - Performance measurement, evaluation and incentives, 3. Aufl., Harlow.

Meyer, Marius/Roodt, Gert/Robbins, Michael (2011): Human resources risk management - Governing people risks for improved performance, in: SA journal of human resource management : SAJHRM, 9. Jg., Heft 1, S. 310–321.

Mosquera, Natalia/Reneses, Javier/Sánchez-Úbeda, Eugenio F. (2008): Medium-term risk analysis in electricity markets - a decision-tree approach, in: International journal of energy sector management, 2. Jg., Heft 3, S. 318–339.

Müller-Merbach, Jens (2009): Bewertung von Termingeschäften auf Elektrizität, Wiesbaden.

Müsgens, Felix/Steinhausen, Burkhard (2010): Portfoliomanagement - Optimale Energiebeschaffung unter Berücksichtigung von Risiken, in: Zeitschrift für Energiewirtschaft : ZfE, 34. Jg., Heft 2, S. 109–116.

Nabe, Christian/Borchert, Jörg (1999): Risikomanagement von EVU in liberalisierten Strommärkten, in: Hake, Jürgen-Friedrich et al. (Hg.): Liberalisierung des Energiemarktes, Jülich, S. 203-216.

Nakamura, Masao/Nakashima, Tomoaki/Niimura, Takahide (2006): Electricity markets volatility - estimates, regularities and risk management applications, in: Energy Policy, 34. Jg., Heft 14, S. 1736–1749.

Nevries, Pascal/Strauß, Erik (2008): Aufgaben des Controllings im Rahmen des Risikomanagementprozesses - Eine empirische Untersuchung in deutschen Großkonzernen, in: Controlling & Management : ZfCM ; Zeitschrift für Controlling und Management, 52. Jg., Heft 2, S. 106–111.

Niederhausen, Herbert/Burkert, Andreas (2014): Elektrischer Strom - Gestehung, Übertragung, Verteilung, Speicherung und Nutzung elektrischer Energie im Kontext der Energiewende, Wiesbaden.

Niggemann, Markus (2013): Steuerung von Gaspreisrisiken - Konzeption eines Preisrisikomanagements für Gasversorger, Wiesbaden.

Oehler, Andreas/Unser, Matthias (2002): Finanzwirtschaftliches Risikomanagement, 2. verb. Aufl., Berlin.

Pahle, Michael/Tietjen/Oliver; Joas, Fabian/Knopf, Brigitte (2014): EE Förderinstrumente & Risiken - Eine ökonomische Aufarbeitung der Debatte zur EEG Reform, https://www.pik-potsdam.de/members/pahle/pahle-et-al-forderung-ee-und-risiken-marz-2014.pdf (Abfrage 15.03.2015).

Palenberg, Anne: Aufbau des Stromnetzes, http://www.forum-netzintegration.de/uploads/media/DUH_Kurzinfo_Stromnetzaufbau.pdf (Abfrage 14.03.2015).

Papp, Tibor/Szoboszlai, Beata (2008): Einführung einer Methodik zur Risikoaggregation bei der MOL Group, in: Risikoaggregation in der Praxis : Beispiele und Verfahren aus dem Risikomanagement von Unternehmen, Berlin, S. 111–129.

Pedell, Burkhard/Schwihel, André (2002): Balanced Scorecard als strategisches Führungsinstrument in der Energiewirtschaft - Dargestellt am Beispiel der Erdgas Südbayern GmbH, in: Controlling, 14. Jg., Heft 1, S. 45–53.

Pedell, Burkhard/Schwihel, André (2004): Integriertes Strategie- und Risikomanagement mit der Balanced Scorecard - Dargestellt am Beispiel eines Energieversorgungsunternehmens, in: Controlling, 16. Jg., Heft 3, S. 149–156.

Pehle, Heinrich (2013): Atomausstieg und Energiewende - Nachhaltige Politik?, in: Gesellschaft Wirtschaft Politik, 62. Jg., Heft 3, S. 355–367.

Pittel, Karen (2012): Das energiepolitische Zieldreieck und die Energiewende, in: Ifo-Schnelldienst, 65. Jg., Heft 12, S. 22–26.

Pittel, Karen/Lippelt, Jana (2012): Kurz zum Klima: die Energiewende und das energiepolitische Zieldreieck - Teil 1: Versorgungssicherheit, in: Ifo-Schnelldienst, 65. Jg., Heft 10, S. 57–60.

Porter, Michael E. (1999): Wettbewerbsvorteile - Spitzenleistungen erreichen und behaupten, 5. durchges. und erw. Aufl., Frankfurt/Main.

Pregger, Thomas/Nitsch, Joachim/Naegler, Tobias (2013): Long-term scenarios and strategies for the deployment of renewable energies in Germany, in: Energy Policy, 59. Jg., Heft 0, S. 350–360.

PricewaterhouseCoopers (PwC) (2009): Die Annäherung zwischen physischen und finanziellen Commodity-Märkten, https://www.pwc.de/de/energiewirtschaft/assets/die-annaherung-zwischen-physischen-und-finanziellen-commodity-markten.pdf (Abfrage 15.03.2015).

PricewaterhouseCoopers (PwC) (2013): Die Energiewende nutzen - Chancen für die Märkte von morgen, http://www.pwc.de/de/energiewirtschaft/assets/pwc_die-energiewende-nutzen_chancen-fuer-die-maerkte-von-morgen.pdf (Abfrage 15.03.2015).

Prigge, Nikolai/Reich, Michael (2003): IT-Strategieprozesse bei deutschen Energieversorgern. Effizienzsteigerung durch professionelle Strategieentwicklung auf dem Gebiet der Informationstechnologie, Hamburg.

Prognos AG, EWI, GWS (2014): Entwicklung der Energiemärkte - Energiereferenzprognose, http://www.bmwi.de/BMWi/Redaktion/PDF/Publikationen/entwicklung-der-energiemaerkte-energiereferenzprognose-endbericht,property%3Dpdf,bereich%3Dbmwi2012,sprache%3Dde,rwb%3Dtrue.pdf (Abfrage 15.03.2015).

Quaschning, Volker (2013): Erneuerbare Energien und Klimaschutz. Hintergründe - Techniken und Planung - Ökonomie und Ökologie – Energiewende, 3. aktualisierte und erw. Aufl., München.

Rave, Tilmann (2013): Politikkoordination im Rahmen der Energiewende - Das Beispiel Emissionshandelssystem und Förderung erneuerbarer Energien, in: Ifo-Schnelldienst, 66. Jg., Heft 12, S. 23–36.

Renn, Ortwin/Dreyer, Marion (2013): Risiken der Energiewende - Möglichkeiten der Risikosteuerung mithilfe eines Risk-Governance-Ansatzes, in: Vierteljahrshefte zur Wirtschaftsforschung, 82. Jg., Heft 3, S. 29–44.

Ridder, Niels (2011): Öffentliche Energieversorgungsunternehmen im Wandel - Wettbewerbsstrategien im liberalisierten deutschen Strommarkt, Marburg.

Romeike, Frank (2002): Risikomanagement als Grundlage einer wertorientierten Unternehmenssteuerung, in: Controlling in Consultingunternehmen : Instrumente, Konzepte, Perspektiven, S. 245–262.

Romeike, Frank (2003): Erfolgsfaktor Risiko-Management - Chance für Industrie und Handel, Wiesbaden.

Romeike, Frank (2005): Modernes Risikomanagement - Die Markt-, Kredit- und operationellen Risiken zukunftsorientiert steuern, Weinheim.

Romeike, Frank/Hager, Peter (2009): Erfolgsfaktor Risiko-Management 2.0 - Methoden, Beispiele, Checklisten, 2., vollst. überarb. und erw. Aufl., Wiesbaden.

Romerio, Franco (2006): Monatsthema - Risikoanalyse und Risikomanagement im Energiesektor, in: Die Volkswirtschaft, 79. Jg., Heft 3, S. 25–29.

Roth, Eike (2013): Chancen und Risiken der deutschen Energiewende, http://www.energie-fakten.de/pdf/2013-vortrag-roth.pdf (Abfrage 15.03.2015).

Sadeghi, Mehdi/Shavvalpour, Saeed (2006): Energy risk management and value at risk modeling, in: Energy Policy, 34. Jg., Heft 18, S. 3367–3373.

Sangiorgio, Christian/Aramayo Hottinger, Susana/Brodbeck, Bernhard/Wyman, Oliver (2008): Risikoaggregation in der Praxis des Axpo-Konzerns, in: Risikoaggregation in der Praxis : Beispiele und Verfahren aus dem Risikomanagement von Unternehmen, Berlin, S. 163–178.

Scheffler, Jörg (2014): Die gesetzliche Basis und Förderinstrumente der Energiewende - Aktueller Stand des EEG und des KWK-G, Wiesbaden.

Schmid, Eva/Pahle, Michael/Knopf, Brigitte (2013): Renewable electricity generation in Germany - A meta-analysis of mitigation scenarios, in: Energy Policy, 61. Jg., Heft 0, S. 1151–1163.

Schneck, Ottmar (2010): Risikomanagement - Grundlagen Instrumente Fallbeispiele, Weinheim.

Schulte-Beckhausen, Sabine (2013): Stromspeicherung: Markt oder Regulierung?, http://www.google.de/url?sa=t&rct=j&q=&esrc=s&source=web&cd=3&cad=rja&uact=8&ved=0CDUQFjAC&url=http%3A%2F%2Fwww.energierecht.uni-koeln.de%2Fdownloads%2Fpraesentation_koelner_gespr_022013.pptx&ei=Nw4EVaG-M9TbarjigsAM&usg=AFQjCNFSYHGcIdVAN8_VtF7bMTGfOvX0OA (Abfrage 14.03.2015).

Schwab, Adolf J. (2012): Elektroenergiesysteme - Erzeugung, Transport, Übertragung und Verteilung elektrischer Energie, 3. neu bearb. u. erw. Aufl., Berlin.

Sick, Nathalie (2014): Diffusion Erneuerbarer Energietechnologien - Eine empirische Analyse unter besonderer Berücksichtigung von Rohstoffpreisen. Wiesbaden.

Sioshansi, Fereidoon P. (2002): The emergence of trading and risk management in liberalized electricity markets, in: Energy Policy, 30. Jg., Heft 6, S. 449–459.

Smith Stegen, Karen/Seel, Matthias (2013): The winds of change - How wind firms assess Germany's energy transition, in: Energy Policy, 61. Jg., Heft 0, S. 1481–1489.

Sohre, Annika (2014): Strategien in der Energie- und Klimapolitik - Bedingungen strategischer Steuerung der Energiewende in Deutschland und Großbritannien, Wiesbaden.

Spellmann, Frank/Unser, Matthias (1998): Zinsänderungsrisiko und Bonitätsänderungsrisiko integriert betrachtet - Ein Überblick über den Stand der Literatur, in: Credit Risk und Value-at-Risk Alternativen : Herausforderungen für das Risk-Management, S. 259–280.

Stender, Andreas (2008): Netzinfrastruktur-Management - Konzepte für die Elektrizitätswirtschaft, Wiesbaden.

Techert, Holger/Schuchardt, Lukas D./Hüster, Andreas/Katz, Philipp (2009): Die Bewertung von Handelsrisiken eines Übertragungsnetzbetreibers anhand einer Monte-Carlo-Simulation, in: Zeitschrift für Energiewirtschaft : ZfE, 33. Jg., Heft 4, S. 330–340.

Tondock, Roy (2010): Risikoorientierte Performancemaße, in: Controlling, 22. Jg., Heft 7, S. 388–390.

Tönskötter, Linda (2012): Die Energiewende finanzierbar gestalten - Effiziente Ordnungspolitik für das Energiesystem der Zukunft, Berlin, Heidelberg.

Ufer, Heinz-Werner/Hoffjan, Andreas (2008): Controlling bei der RWE Energy AG, in: Controlling, 20. Jg., Heft 7, S. 389–392.

Wagner, Hermann-Josef/Koch, Marco K./Burkhardt, Joerg/Grosse Boeckmann, Thomas/Kruse, Philipp (2007): CO2-Emissionen der Stromerzeugung - Ein ganzheitlicher Vergleich verschiedener Techniken, in: BWK, 59. Jg., Heft 10, S. 44–50.

Wall, Friederike (2003): Kompatibilität des betriebswirtschaftlichen Risikomanagement mit den gesetzlichen Anforderungen - Eine Analyse mit Blick auf die Abschlussprüfung, in: Die Wirtschaftsprüfung, 56. Jg., Heft 9, S. 457–471.

Weis, Mathias (2007): Der Klimawandel als Herausforderung für die Finanzbranche, in: Umweltwirtschaftsforum : UWF, 15. Jg., Heft 2, S. 116–122.

Weller, Ina/Funk, Matthias (2014): Ein Stadtwerk stemmt die Energiewende - Standortbestimmung, Strategieentwicklung und Umsetzung, Wiesbaden.

Wesselak, Viktor/Schabbach, Thomas/Link, Thomas/Fischer, Joachim (2013): Regenerative Energietechnik, 2. erw. u.vollst. neu bearb. Aufl., Berlin, Heidelberg.

Wiedemann, Arnd (2002): Die Messung von Zinsrisiken anhand des Value-at-Risk-Konzepts, in: Das Wirtschaftsstudium, 31. Jg., Heft 11, S. 1416–1423.

Wimbauer, Stefan/Ammann, Norbert/Vogt, Dirk (2012): Energiewende im Strommarkt. Chancen nutzen – Risiken vermeiden, https://www.ihk-nuernberg.de/de/media/PDF/ Innovation-Umwelt/ Energie/bihk-studie-energiewende-im-strommarkt.pdf (Abfrage 15.03.2015).

Wissenschaftlicher Beirat Globale Umweltveränderungen (WBGU) (2012): Finanzierung der globalen Energiewende, Berlin.

Z_punkt GmbH The Foresight Company (2013): Die Veränderung der Energielandschaft - Chancen und Risiken für Unternehmer, http://www.z-punkt.de/fileadmin/ be_user/D_News/D_2013_03_Newsletter/Energiedossier_UPN_small.pdf (Abfrage 15.03.2015).